命のバトンは信心から

まえがき　―伝えねばならないこと―

金光教全国学生会ＯＢ会相談役　福嶋義次

金光教全国学生会ＯＢ会編集の『みち』シリーズは順調に巻を重ね、今回十二巻を数えることになりました。

一巻から十一巻までの著者名を順次敬称略で記してみます。(故)行徳照真、小川洋子、(故)荒木美智雄、渡辺順一、津村親幸、(故)才田孝夫、森定斎、荻野清照、(故)松村眞治、宮本要太郎、そして、私こと福嶋義次の面々です。信奉者としては勿論のこと、学者、作家、取次者、教学者、あるいは教務教政者として、それぞれ信心に基づく経験を重ね、伝えねばならないものを伝えるべく努めて成った十一巻の書物でした。

これまで教内外で発表された文章を再現した巻もありましたが、新たにこのシリーズのため書下ろしたもの、あるいはこれまでの教話・講演記録を、再検証し推敲、書き改められたものが大半でしょう。それらは、各著者にとって、容易な作業ではなかった、と言えます。私など、一部、過去の講話を下敷きにしたとはいえ、八十半ばと齢を重ねてからの執筆・推敲作業でしたから、面倒でもあり、逃げたくなるような思いが身を包むこともありました。

自分の思惑を超えた「みえないもの」・神さま・真実なるものからの強い要請として、次世代へ、あるいは後世へ伝えねばならないことが示され、迫ってきて、推敲、執筆作業を進めることがかろうじてできた、と思うのです。このことは私だけでなく、これまでの執筆者それぞれが、経験してこられたことでありましょう。

本書の著者もまた、伝えねばならないことに捉えられた一人でしょう。教会誌その他に掲載された岡田氏のこれまでの数々のエッセイに、私が魅了されたのは、ご自身が体験されてきた現場での出来事を通して、後世に伝えねばならないことどもに気付かれ、文章という形に残そうとされてきている、並大抵でない情熱が感じられたからでした。是非そのエネルギーを『みち』シリーズに結集していただければ、とシリーズ編集責任者の相賀氏に紹介させてもらったようなことでした。

　本書『命のバトンは信心から』は全体にわたり、主として、学校法人関西金光学園の諸校での、宗教教育という著者の長年にわたる経験によって培われ、磨かれた信心の眼で見つめられた世界が描かれています。見つめられ描かれた対象は、本教のことはいうまでもなく、学校の広前の働き、現状など宗教教育に関わること、伊勢神宮・参宮にまつわること、神仏習合など神道思想のこと、新型コロナウイルス流行と関わって、古代からの疫病の歴史、人々の慣習、習俗にまつわること、さらには自身の趣味である欄間《らんま》制作のことにいたるまで、読者をひきつけてあまりあるものです。

　本書から学ぶべきことは多く、一度読みで終わらせず、再度、再々度目を通し、読者各人、それぞれが、次世代へと、自ら伝えるべきものを発見あるいは確認することで、著者の並大抵でなかったであろう推敲作業のご苦労への、返礼としたいものです。

目次

はじめに

私は、昭和三十八年（一九六三）四月十一日、大学に入学しました。そして、その二日後の十三日、三代金光様が亡くなられたのです。この衝撃的な事実は、その後の私の人生に、少なからず影響を与えた、と思われます。もっとも、このことに気付くのはずっと先のことになります。

大学の寮生活にも少し慣れ、久しぶりに帰省したおりのこと、母から、「この八月に、ご本部で新教主様の就任式が催され、金光教伊勢教会からも何人か参拝されるから、あなたも入学のお礼も兼ねて、お参りさせてもらったらどうか。それと金光教には、学生会というのがあって、全国学生大会が引き続いてあるそうだから、この際、申し込みをしてはどうか」。これが、私と学生会を繋いでくれた、母の言葉でした。

八月四日の早朝、母と二人で、三重県四日市市の自宅を出発し、何回かの乗り継ぎを経て、午後三時頃に金光に到着。私にとって、二度目のご霊地でありました。その夜には、信徒会の全国大会があり、三代金光様教葬の映画を拝観し、改めて、そのお人柄とご信心を身近に感じさせて頂きました。真光園（現在は正門前の小公園）に一泊、翌五日のお祭りに備えました。

翌朝は、少年少女全国大会のブラスバンドの行進に感激し、続いて四代金光様の就任式に臨み、改めて信心の出発点にさせてもらおうと、心奥で決意したのを憶えています。

当時、私はどこの学生会にも所属しておらず、学生会について何も知らず、知る人もいない中、同じ金光教の信心をする大学生の集まりという、その一点だけの共通性を頼りに、参加を決めたわけです。母から勧められた時、それまでの私でしたら、断っていたと思うのですが、何のためらいもなく申し込みをしたのは、今もって不思議です。神様と三代金光様の御霊によるお導きであると、その時幽かですが意識したのは確かです。

八月七日、いよいよ全国学生大会の会場である、金光教玉水教会の控所（旧）に向かいました。それが、卒業までの四年間の学生会活動の始まりでした。私の学生会活動の時期は、昭和三十八年から四十二年まで、全国学生大会で申しますと、第八回から第十一回で、最も盛んな時期に当たっています。多くの先輩や仲間のお世話になりました。その時代の活動記録は、『金光教学生会五十年史』を参考にして頂くのが一番です。私もおりに触れ、そこに記録されている名簿や、写真で当時を振り返り、今も懐かしく思い出しています。無所属だった私は、当面は京都学生会の所属としてご配慮頂き、参加を許されました。後に伊勢学生会を立ち上げ、大学後輩の畔柳俊雄君に引き継ぎました。

四年間の活動中で一番印象に残ることは、大学三年から四年にかけて、全国学生会協議委員会の副委員長として、斎藤東洋男君（東京寮学生会）とともに、佐々英雄委員長（京都学生会）を支え、第十一回全国学生大会の準備、運営をしたことです。過去最多の百五十六名もの参加がありました。

当時、ベトナム戦争は規模を拡大中で、中国では、文化大革命が勃発、わが国では大学紛争が本格化する、その前夜ともいうべき時節柄か、大会中も白熱した議論が交わされました。

その時のテーマは、「How to live（いかに生きるか）」で、これは後に宗教教育に携わる私の基本的なテーマになり、副題の「今こそ改めて金光教を知ろう」は、当時、書き進めていた卒論、『明治前期の教派神道と宗教政策』に、大きな影響を与えてくれました。

四年間の学生会活動が、私のその後の人生に、決定的な方向性と基礎を与えてくれました。学校教育の現場で生徒や保護者と向き合い、宗教研究に身を置くことができたのは、学生会にお育て頂いたことが、私の生き方の原点であったからです。

本書は、金光教伊勢教会の教会誌『薫風』に連載したものを、出版に当たり、この度、加筆、再編集したものです。記事は、読者向けの体裁をとっていますが、その実は、わが信心の検証、確認作業の軌跡を示したものです。年月日や登場人物など、執筆当時のままのものもあり、読みづらいところもあると思いますが、内容をお汲み取り頂ければ、幸甚です。

なお、末筆になりましたが、本書編集に当たり、福嶋義次先生に「まえがき」をお書き頂き、全国学生会ＯＢ会事務局の相賀正実先生には「編集後記」をお願いし、さらに岩尾真二様とともに編集・校正・出版の労をお取り下さり、厚く御礼申し上げます。

一、いのちの系譜

私の生い立ち

私は、昭和二十年四月一日、旧満州国の奉天（現中国瀋陽）で生まれました。父・堯と、母・信子は、昭和十八年の暮れに結婚式をあげましたが、父は満州から帰国中であったため、母一人の式であったそうです。現在では、考えられないような話ですが、戦時中にはよくあったケースだったようです。

しかし、これで驚いてはなりません。私の祖父である先代の金光教伊勢教会長、高阪正太郎先生といったん伊勢に帰った母は、数日後再び、帰国した父に会うため、婚家に出向いたのですが、それが父と母が出会った最初でした。

私の父は、軍の兵器工場に、事務員として勤務していましたが、敗戦後、ソ連軍に兵器、工作機械、軍事物資などの、すべてを引き渡す要員として、工場に残されたため、シベリヤ送りを免れたのでした。まったく偶然のことであった、と聞いています。非常事態に、運や偶然が伴うことはしばしばですが、「あれもおかげ、これもおかげ」と、神様のお働きに気付くのは、ずっと後のことになります。

昭和二十一年七月、親子三人、命からがら引揚げて来ましたが、私が今も意識しないではおられないのが、私の誕生日です。実は、この日に米軍が沖縄に上陸したのです。つまり、沖縄戦開始の当日に、私は満州で産声を上げたということです。この日の前後、沖縄に向かう特攻隊員として、散華された方々の何と多かったことか。沖縄戦の壮絶、悲惨な内容を知るにつれ、誕生日が来る度に、「私は、彼らの生まれ代わりでは」との思いが、自然に湧き上がってきました。

満州で、隠れ部屋から引き出され、拳銃を突きつけられた状況の中で生きながらえ、配給された自決用の青酸カリを、最後まで使うことなく帰国できたことは、単なる偶然ではなく、「生かされた」という他ない、と思います。

満州からの引揚げ

毎年巡ってくる七月十四日は、私にとって特別な感慨を抱かせる事情がある日です。私が両親に連れられて、満州の奉天から、命からがら引揚げて、平成二十七年（二〇一五）は、ちょうど七十年の記念の年に当たります。

満州では、八月十五日後も、民間人に対する殺人、暴行、略奪など、ありとあらゆる不法行為が、ソ連軍によって行われ、その上、国際法違反のシベリヤ抑留まで行われたことは、ご承知の通りです。六十万人の抑留者の内、六万人を超える人々が、強制労働の結果、命を奪われていったのです。

終戦後のほぼ一年間、旧ソ連軍の暴行、略奪の恐怖から逃れ、内地に帰還が決まった時の両親の喜びは、いかばかりであったかと想像しますと、よくも帰れたものと今さらながら、神様と両親に感謝申さずにはおれません。この一年間に、どれだけ多くの人々が、内地に帰ることを夢見ながら、亡くなっていかれたことか。引揚げの途中にも、亡くなられた方があったことも事実です。私たちの引揚げは、奉天から葫蘆島（渤海湾の一番奥）までは、無蓋貨車（屋根のない車両）で移動し、葫蘆島からはアメリカ軍の上陸用舟艇母艦（ＬＳＴ）で黄海を渡り、九州の博多港に上陸し、汽車を乗り継いで、父の実家である四日市市の河原田まで帰ったのですが、その日が七月十四日だったのです。

今年の七月九日、十日、博多港の引揚げ桟橋から、ＪＲの河原田駅まで、鈍行を乗り継ぎ、引揚げの追体験をしてまいりました。途中、父が青春時代の一時期を過ごした小倉を訪ねました。一駅、一駅過ぎる度に、クーラーもポカリスエットもない中を、どんな思いで、私を連れて故郷を目指したのか、そのおりのことが偲ばれてなりませんでした。七月十四日には、お墓参りと教会へのお礼参拝をさせて頂きましたが、み教えに、「死んで、ものを言わぬようになってから、あもしてあげておけばよかった、こうもしてあげておけばよかったと、残り多いことが多かろうが。親孝行は親の達者の間にしておかねばならず、信心は生きておるうちにしておかねば、後の祭りになるぞ」（理Ⅲ・尋求教語録・一五七）とありますが、父母にお礼を申す、後の祭りをお仕えしたような思いでした。

いかされた命

終戦の前後から、引揚げまでのほぼ一年間、音信は不通であり、親子三人の生死は、不明の状態でしたから、内地で待つ親族の不安と焦燥は、いかばかりであったか、と思います。実は、生死の不明の状況は、内地で待つ人々ばかりの問題ではありませんでした。満州にいたわれわれ親子の現実でもあったわけです。明日の命どころか、今日の生き死に、そのことが当の本人たちにとっても、まったく不明という意味です。何と過酷な日々であったか、と思います。「日に日に生きるが信心なり」（理Ⅲ・金光教祖御理解・二六）とのみ教えがありますが、一日一日を恐怖と欠乏の中で過ごした両親にとって、神に祈ることは、本当に命懸けのことであった、と想像しますし、この体験が後々の信心の基礎となり、強固なものにしたのではないか、と思わせてもらっています。

先に、生かされたと申しましたが、神に祈ったのは両親たちだけではありません。内地の皆さんも、どれだけ祈って下さったことか。その祈りによって、神様に生かされた、と実感できるのです。いくら感謝しても足りないものと、今もお礼を申しているようなことです。

以前も関西福祉大学で、教職員に対し、講演をさせて頂きましたが、私の引揚げの話とともに、遠藤誉さんのことに触れました。『卡子《チャーズ》』という本の著者で、中国外交の専門家として、現在もご活躍中の方です。卡子とは、長春市を取り巻いていた、二重の包囲網のことで、いったん出ると戻ることができず、ほとんどの人が、そこで餓死されたのですが、その死体累々たるところで、お父上は、祖先賛詞を唱えられたそうです。金光教の熱心なご信者で、人のお役に立ちたいとの思いで、当時、大陸で猛威を振るっていた、アヘン中毒者のための解毒剤を開発し、製造工場を経営しておられました。このご一家のご信心と社会貢献が、ご一家の命を救うことになっていかれるのです。

両親と私の親子三人の引揚げ体験が重なります。新中国に留用された遠藤さん一家が、日本に引揚げて来られたのが、何と昭和二十八年というのですから、二十一年に帰国できたわれわれとは、比較にならないほどのご苦労であったのです。

ただ共通することは、自分たちの命や生活が、ほぼ他の力に委ねられ、明日どころか、一分後でさえ予期できない、という状況に置かれたということです。戦争の悲劇は、戦闘の瞬間だけにあるのではなく、むしろ戦後にあると言ってもよく、それが敗戦であればなおさらのことです。昭和二十年八月十五日以降の満州の現実は、そのことを余すことなく物語っています。

敗戦の混乱の中、どれだけ多くの人命が失われたことか。その中で、遠藤さんご一家は生き残られたわけですが、ご一家を生かしめた理由があったのです。製薬会社を経営する時、まず中国人を第一に、次いで日本人より一段低いとみなされていた朝鮮人を、そして最後に日本人を雇うという、当時の日本企業ではあり得ない経営方針を、採用されたのです。中国人を最上位に置いたのは、そこが中国であったからという、お父上のお考えだったそうです。さらに、貧しい中国人や、朝鮮人の社員を、夜学に通わせ、社員は家族として処遇したそうです。

遠藤誉さんのご両親は、「自分のことは次にして、人の助かることを先にお願いせよ。そうすると、自分のことは神がよいようにしてくださる」（天地は語る・三七二）のみ教え通り、周りの中国人、朝鮮人の幸せを第一に祈られ、願われる生き方を貫いておられた、と思わずにはおられません。

「人間は神の氏子」（天地は語る・九五）、「人間を軽う見な。軽う見たらおかげはなし」（理Ⅲ・金光教祖御理解・七二）、「人が人を助けるのが人間である」（理Ⅰ・山本定次郎・六五）のみ教えを、自らの命をかけて実践されたのですが、そのことが絶体絶命のご一家の危機を、何度も救うことになろうとは。自分の子ども同然にお世話をした、中国や朝鮮の人々に、ご一家が救われたのです。

戦後七十年（平成二十七年）を迎えて

六月二十三日は、沖縄戦が終結した日で、毎年、慰霊の催しがありますが、平成二十七年は戦後七十年という節目の年でもあり、特に注目を集めたように思います。二十万人を超える犠牲者の約半数が民間人という、世界戦史上、かつてないほど尊い命が失われました。第一次世界大戦辺りから、民間人が巻き込まれるケースが増え、戦争の性格が大きく変化しました。戦場が、兵士同士の戦いの場だけではなく、拡大、一般化したのです。米軍による大空襲、原子爆弾の使用などは、その最たるものです。しかも、戦争の犠牲は、それだけではありません。戦時中だけではなく、戦後にまで及ぶのです。戦中、戦後の区別なく、戦争の犠牲のすべてを、戦災と呼んでいいのではないでしょうか。遠藤誉さんの体験は、そうした戦災の実態を、余すところなく、われわれに伝えてくれています。

満州の悲劇に比べ、四万人の民間人を無事に救い出し、北支派遣軍三十五万人と、在留邦人四十万人を、日本に帰国させた将軍がいます。根本博陸軍中将です。

彼は、終戦後も邦人を保護、救出するのは軍の使命と考え、ソ連軍への武装解除に応じず、八月二十日を超えても、目的達成のために戦ったのです。上官の命令に背く重大な違反であり、天皇の命に反する逆賊の振る舞いをあえてした方です。

話はそれだけではありません。この方は、戦前から知られたシナ通（中国の事情に通じた人物のこと）で、日本軍と戦った国民党の指導者である、蔣介石とも親交があり、お互い信頼にたる人物として、認め合う間柄であったようです。従って、根本中将は、自分の指揮下にある軍隊の武装解除の相手は、蔣介石をおいて他にない、と決断されたわけです。昨日までの敵に対し、蔣介石は、「怨みに報ゆるに徳を以てす」という命令を発し、日本人に対する報復を禁じ、一部の戦犯を除く、軍民合わせて百万人もの日本人を、早期に帰国させたのでした。

一方、「日本人の生命財産は、絶対に保障する」とのソ連軍の約束は、武装解除に応じた途端、反故にされ、言葉にできないくらいの悲劇のどん底に突き落とされた満州の状況は、遠藤誉さんの著書に、詳しく書かれています。武装なき在留邦人の惨劇は、戦争の惨禍の何たるかを示して余りあるものです。
　根本将軍の戦後ですが、実に驚くべき事実があります。戦後、無事帰還していた元将軍は、昭和二十四年六月、こつ然と人々の前から姿を消し、やがて彼は軍隊時代の副官と、旧知の通訳とともに、台湾に現れたのです。中国本土から台湾に政権を追われた、蒋介石と国民軍を救うため、密航したのです。百万人の日本人を帰国させた義に報いるために、「この命義に捧ぐ」との一念で、作戦指導に当たり、人々から戦神と言われるほどの大勝利を、国民軍にもたらし、台湾の平和が実現しました。

戦争がもたらすもの

　戦争も平和も、人間がどう生きるかにかかっています。戦争の最中にも、ある一時、ある一瞬の平和があり、逆に平和な日常の中に、戦争に繋がる芽がある場合があります。終戦の日から、引揚げまでの一年足らずの間、両親にとっては、一日一刻が、戦争と平和の繰り返しであり、まさに息詰まる状況に置かれたことが分かります。

ソ連軍、八路軍（共産党軍）、国民党軍、暴徒による陣地の奪い合いが、連日連夜、繰り返され、毎日、支配地域が変わる中、敗戦国民である日本人は、息を殺して逃げ回るしかなかったのです。殺人、暴行、略奪など、人間が犯す、すべての犯罪が一度に、しかも組織的に行われるのが戦争です。多くの人々が犠牲になり、七十年経った今も、ご遺骨の大部分は、無念の死を遂げた大地に眠っています。

こうした状況の中で、生きて帰ることは、至難の業でありましょう。否、自らの業でどうこうできるものではありません。それは、まさに偶然のなす業としか言いようがないように思います。生きるか死ぬかは偶然、と言わざるを得ない状況の中でも、そう簡単にあきらめることができないのが、生きている人間の本能です。そこに、本当の祈りや願いが生まれてくるのではないでしょうか。

戦争を語る場合、忘れてはならないことがあります。それは、戦争を被害者の立場だけで考えてはならない、ということです。どんな戦争にも、害を加える者があって、被害が出るのですから、加害者の立場が付きものです。先の大戦で、わが国の軍隊が、いかに自存自衛のためとはいえ、他国の国土に土足で踏み込んだという事実は覆りません。欧米の植民地支配からの解放を、大義名分に掲げ戦ったということも、事実でありましょう。その結果、戦後、多くの国が、独立を果たしたことも事実です。今日、当時の公文書、とりわけ外交の秘密文書が公開され、これらの事実が、確かなものとして受け取られる状況になりました。

アジアの国々の独立を象徴する事実を、紹介しましょう。インドネシアの独立記念塔の碑文の年号です。そこには、０５８１７とあります。８１７というのは八月十七日のことです。終戦の二日後のことです。０５は、何と皇紀二六〇五年のことです。インドネシアの指導者の日本に対する感謝のまこと、と言われています。あの連合国最高司令官であったマッカーサーでさえ、任を解かれた直後、アメリカの議会で、日本の戦争目的は、経済制裁を逃れるための自衛戦争であった、という趣旨の演説をしたことは、今や多くの人の知るところとなりました。

マッカーサーといえば、もう一つ重大な情報を、お伝えしなければなりません。彼は、日本をキリスト教化できる、と考えていたという確かな情報が、今日、明らかになっています。その中には、「天皇がほどなく、キリスト教に改宗する可能性が高い」という驚くべき内容（昭和二十一年七月、訪日中のジェームス・フォレスタル海軍長官に向けて）が、それを示していますし、さらに、アメリカ議会へ、自分が日本国民の宗教改革を進めていることを、報告しています。

キリスト教徒であったマッカーサーにとって、日本の神道は、原始的で、野蛮な宗教と映ったようです。彼にとって、日本国民をキリスト教徒に改宗させることは、野蛮から文明に導くことであり、それは神のみ心に添うものであり、使命である、と考えていたようです。異教徒に対する傲慢な姿勢がみてとれます。

二、宗教情操教育

宗教離れの実態

宗教教育に携わった四十年を振り返ってみて、改めて考えさせられることがあります。それは、生徒たちに何を伝えようとしてきたか、ということです。これは、関西金光学園に属する三校、金光藤蔭校、金光大阪校、金光八尾校に共通する内容です。

宗教の授業では、教祖様の教えをもとにして、様々な課題を取り上げます。金光教の概略から始まり、宗教教育の意義や、目的、建学精神にある、天地の働きに生かされているお互い、平和、生命の尊厳、環境問題、薬害、犯罪、人権等々。実に、様々なテーマを取り上げてきました。

生徒は、常に十五歳から十八歳であり、悩み多き思春期の真っ只中にある子どもたちです。しかも、そのほとんどが宗教に縁無き、未信奉者か他宗の子で、お道の子弟は、各校とも極めて少ないのが実情です。加えて近年は、四十年前とは異なる状況があります。それは、今日の生徒たちの親の世代に顕著に表れてきている、宗教離れという問題です。宗教に対する知識も、習慣も、儀式も伝わっていない、宗教の希薄化は余りにも大きく、日本の現代社会に、様々な陰を落としているようにも思えます。

「僕は、生かされて生きるというような、消極的な生き方はしたくありません。誰にも頼らず、自分の力で生きていきます」。入学直後のある生徒の感想文です。見事というべきでしょうか？在学中に、何を伝えるべきかが見えてくる話です。

このような考えをする生徒は、まだ多くありませんが、確実に増えてきています。天地自然の働きや恵みの中に、生かされていることを、聞いたこともなければ、考えたこともない、そういう世代が、次々に育ってきていることを、残念ですが認めないわけにはいきません。だから、「人間は天地の大きなお働きを受けて生かしてもらっているのですよ。感謝しましょう」と言っても、入学直後の生徒には、理解できないか、反発を覚える場合が多いのです。「自分の力で生きているし、これからも自分の力で生きていく」という基本的な姿勢です。

しかし、一方で、「宗教の時間で初めて聞いたが、私の命は、親と繋がっているだけでなく、天地とも繋がっていることが、よく分かりました」と、素直に反応する生徒がいるのも事実です。今まで聞いたこともないだけに、新鮮に受けとめてくれます。ちょっと、安心する材料です。

日本の道徳教育

新渡戸稲造という方をご存知でしょうか。旧五千円札の肖像になっている人物です。彼が百年ほど前に著した本が『武士道』で、近年話題を集め、再評価されています。武士道と聞くと、時代錯誤も甚だしい、と拒否反応を起こしそうですが、国際化が叫ばれる今日でも、充分、通用する内容を備えています。

彼は、この本の冒頭で、ベルギーの有名な法学者、ラヴレーとの会話を紹介しています。「『あなた方の学校では、宗教教育がない、とおっしゃるのですか』と尋ねられ、私が『ありません』と返事すると、容易に忘れがたい声で、『宗教がないとは、いったいあなたがたは、どのようにして、子孫に道徳教育を授けるのですか』と、繰り返された」。新渡戸は、その答えを、彼自身が属する日本という国の精神的支柱として、武士道に求め、これを英文で世界に紹介し、大きな反響を呼んだのです。熱心なクリスチャンであった新渡戸にとって、欧米の社会規範の中心に、キリスト教があることを充分に承知しながらも、それに匹敵するものとして、武士道を日本人の道徳の源泉と位置付けました。

彼は、この著書の中で、武士道が単に武士階級にとどまらず、国民一般の行動規範になってきたものであることを、様々な具体例をあげて論じており、それ自体、日本の歴史や、文化論としても、出色の価値を持つ著作でしょう。

このように、武士道が過去において、国民の精神や道徳教育に、一定の役割を演じたことは、否定できない事実でしょう。しかしながら、ここで一つはっきりさせなければならないことがあります。武士道は、キリスト教や、イスラム教などと異なり、それ自体は宗教ではありません。もちろん、神道や仏教、儒教などの影響を受けながら、国民道徳としての地位を、確立したことは否めませんが、欧米でいうところの宗教思想とは、よほどの違いが感じられます。しかも、この武士道たるや、彼自身が認めているように、維新以後、急速に希薄化し、存続が危ぶまれていたものですから、令和の今日、人々の倫理、道徳観や行動規範に、どれほど役立っているか、甚だ心もとない状況です。

読売新聞の宗教観についての意識調査（平成二十年五月三十日付）では、宗教を信じていないが、七二％もあるのに対し、先祖を敬う気持ちは九四％と、一見、矛盾した結果が出ています。他にも興味深い結果が示されていますが、その中で一つ気になるものがありました。「最近、日本人のモラルが低下したのは、宗教心が薄いからだ」という設問に、「そうは思わない」と答えたのが、七九％もあった、という意識調査の結果を、どう受けとめたらいいのでしょうか。明らかに矛盾した結果である、と言わざるを得ません。モラルが、宗教心と関係しないというのであれば、一体、モラルはどこからやってくるというのでしょうか。先祖を敬う気持ちと、ご先祖様に申し訳ないという気持ちのズレを、どう説明すればいいのでしょうか。

欧米では、今日でも宗教がモラルの源泉として機能していることは、疑いのない事実です。神の教えと、道徳心は強い関係を持っていて、人々の生活に根をおろしています。時には、道徳心が法律よりも重んぜられるという例があるくらいです。法律に違反しないが、神が許さない、という意識です。

日本でも少し前までは、「お天道さんが許さない」という素朴な意識が、私たちの行動を規制していた時代がありました。「そんなことをしていたら、神さんや、ご先祖様が見ているぞ」、「ご先祖様に申し訳ない」というような感覚です。これは、欧米の宗教に見られる戒律というものではなく、もっと広い意味での宗教心をもとにした、伸びやかな意識であった、と私は思います。

相次ぐ企業の不祥事で、謝罪会見の映像を見せられる今日、モラルの低下は、国全体に行き渡っている、と言わざるを得ません。モラルの低下は、電車内での化粧にとどまらず、前代未聞の重大犯罪を生み出す状況にまで至っています。宗教心もモラルも、待っていて天から降ってくるわけではありません。命のバトンである信心を受け継ぎ、現わし、伝えていく中から、生み出されるものなのです。社会全体に、その実践が問われている時代です。今日の社会と宗教の関わりを考える上で、極めて重要な課題を、私たちに提供してくれている、と思います。

新渡戸稲造が受けた問いかけは、むしろ百年後の今日の日本社会にこそ、向けられるべきものではないでしょうか。ラヴレーが心配したように、その後の百年間、わが国は国民にどのような形で、道徳教育をしてきたのでしょうか。何もしてこなかったのでしょうか。

戦前には、修身という授業によって、一種の道徳教育が実施されたことは事実ですから、何もしてこなかったというわけではありません。戦後も、道徳の時間が設けられています。結論から申しますと、修身も道徳も、厳密に言えば、宗教に基づいたものではない、ということです。特に、戦後の教育現場では、信教の自由など、日本国憲法や教育基本法の立場から、公教育における宗教教育が禁止されてきました。

「いただきます」論争

戦後、公教育の場で宗教教育がされてこなかったということは、今日の日本社会の各方面に、様々な弊害や課題をもたらしている、と思います。モラルの低下や、重大犯罪の増加も、このことと無関係である、とは思えません。

宗教を信じる自由も、信じない自由も、保障されなければならないのは、言うまでもありません。しかしながら、信教の自由を保障するということのあまり、宗教に対する正しい知識や、理解への取り組みがなおざりにされてきたのも事実です。

「給食の時間に合掌させ、『いただきます』と、一斉に言わせるのは、特定の宗教を強制することであり、信教の自由に反するから、取り止めてもらいたい」という、一保護者の申し出で、教育現場が大騒動になったことがありました。これは、北陸のある小学校で、実際に起こった出来事で、当時、話題になったことです。その地域が真宗王国と言われるほど、信仰的風土に満ちた土地柄であったという背景があったからでしょうか。それとは別の信仰を持つ保護者は、自らの信仰を守るため、問題提起をされたのでした。

信教の自由という考え方は、深刻な宗教対立や、宗派間の抗争の歴史を持つ欧米で発達した思想です。他宗教や、他宗派の信仰の強制や攻撃から、お互いの信仰を守るために生み出された知恵であった、と言えます。従って、ここでいう信教の自由とは、信じる自由であって、信じない自由というのは、当初から想定外の考え方であった、ということです。信教の自由という場合、論理的には、信じない自由というのも、当然、成り立つわけですが、欧米では近年まで、それはごく少数派か、特異な例としてしか認識されていませんでした。あくまでも、信仰する自由が主たる意味だったのです。しかし、ヨーロッパでは、近年無宗教層が広がりを見せ始め、社会問題化しています。教会や、宗教教育のあり方が、再検討され始めています。

　信教の自由という言葉を盾に取り、宗教間に新たなる対立が生まれることは、悲しいことです。合掌すること、「いただきます」という言葉の本当の意味を、問題提起をされた保護者の信仰に寄り添って、話し合っていくことこそ大切なのではと、当時、宗教教育の現場にいた私は、強く感じました。

　当時、私の勤務する学校では、食前訓と食後訓の意味するところを、宗教の時間に教え、修学旅行のおりなど、集団で食事をする場合、合掌して唱えるのを常としていました。若い生徒のことですから、最初は一種の照れか、人前で声を出すことに抵抗があるのも事実ですが、食前訓を唱えている間、仲居さんたちも、正座で合掌して下さるに及び、次第に自信が付いてくるのでしょう。帰る頃になると、声も大きくなり、リズムさえ生まれてきます。周りの一般客からも、「どこの学校ですか」、「いい言葉ですね」など、好感を持った反応があると、生徒たちの表情も明るくなり、旅行団の一員としての自覚も、自然と生まれてくるわけです。食前訓と食後訓を唱えることに対し、保護者から異議が出たことは、私の知る限りはありません。むしろ、生徒を通じて家庭に伝わり、「大事なことですね」と、言って下さる保護者のあることは、有り難いことでした。

食前訓の中で最も大切なところは、「何を食うにも飲むにも、ありがたくいただく心を忘れなよ」（理Ⅲ・神訓・二）にあることは、言うまでもありません。このことに関して、教祖様は、「四季の変わりは人の力で自由にならん。こう話せば、食い飲みを、尊みいただくという言葉に改め、天地の神様を敬うようにしなさい」（理Ⅰ・山本定次郎・五）と、ご理解されておられます。私たちの命は、他の多くの命を頂き続けての命であり、「いただきます」と、それら命に対する感謝を込めた合掌は、宗派を超えた人間の真実です。宗教の時間に、そんなことを話すと、生徒たちはよく理解してくれます。

「いただきます」について、もう少し考えてみましょう。この言葉は、山の頂きに通じる言葉です。山の頂きは、単に高いだけではなく、尊く、もったいなきものとの観念を伴っていました。それは、古代人が山の頂きを、神の降臨する場所として、仰ぎ見ていたことからも分かります。つまり、「頂き」を「仰ぐ」です。仰ぐは、神徳賛詞にある「仰ぎまつれば天高く」の仰ぐです。信仰の「仰」です。だから、「いただきます」には、自然と「あおぎまつる」という心情が伴う、もともと宗教的な言葉なのです。

このことは、玉串を奉奠する動作の中に、はっきりと示されています。受け取った玉串を、ちょっと頭上に掲げます。あれが「いただき、仰ぐ」心を込めた作法です。「おしいただく」姿です。とりわけ、われわれの命を支えてくれる食物に対しては、「いただき、仰ぐ」気持ちが強く現れますが、それだけではなく、尊き（貴き）、もったいなき物や、事に触れた場合にも、「いただき」が使われ、そんな場合にはまた、「ありがたい」という言葉が伴うのが普通でした。有ることが難しいことが、実現したから、「有り難い」ということです。少し前までは、「難有し」と、今とは逆に書いていたことでよく分かります。

言葉の持つ本来の意味を知ることは、とても大切なことです。そこには、われわれの祖先の魂がこもっています。日本は、古くから「言霊の幸はふ国」と言われてきました。言葉には、その人の魂がこもっている。美しい言葉は、幸いをもたらすが、汚き言葉は不幸を呼ぶ、と考えていましたから、言葉を大切にしてきました。

万葉集を始めとする、わが国の古典に見られる言葉は、清冽な魂の発露として、外国においても、高い評価を受けています。フランスでは、俳句が非常に流行しているそうですが、普段、何気なく使っている言葉の中に、極めて高い精神性や、宗教的意味が含まれているものがあることを、改めて考えねば、と思っています。「お元気で」、「おかげさまで」、「さようなら」という言葉も、その例であり、すべて太陽の恵みに基づいた言葉です。われわれの先輩たちは、実にすばらしい感性を持っておられたもの、と思います。

「いただきます」について、生徒たちに説明するのに、適当な例があります。卒業証書や賞状を受ける時の姿です。昔ほどではありませんが、受け取る時に、少し頭上に掲げるように指導します。大切なもの、尊きものを戴いたという姿勢です。

同じような姿勢を取りながら、これと逆が「たてまつる」ということです。お献備の「奉」、玉串奉奠の「奉」です。自分より上位のもの、畏《かしこ》き存在に対して、まことを捧げることが「たてまつる」ということです。従って、「いただきます」と、「たてまつる」は、頭上に掲げる動作は似ていますが、まったく逆の意味があるわけです。感謝祭の事前指導の際、参列してくれます生徒たちに、このことを話します。

教祖様も、朝夕、太陽を拝まれておられましたし、太陽のことを「今日様」と呼ばれていきます。現在は、もう使われなくなってしまいましたが、教祖様の時代には、ごく普通の言葉でした。それこそ今日では、「こんにちは」の挨拶に、かろうじて残っているわけですが、この挨拶が「今日様」、すなわち太陽に由来する言葉であることが忘れられているようです。ご承知のように、教祖様は金光の「光」について、「天つ日の光」と、ご理解下さっています。私どもは、日々、天地自然の恵みを受けて、生かされて、生きている存在ですが、天地自然の働きの中に、太陽があることを、改めて感じないわけにはまいりません。「ありがたい」、「もったいない」、「いただきます」も、この天地自然の大いなる働きを知らずして、生まれてこない言葉ではないでしょうか。

心と魂の教育

平成二十一年二月十三日、ご本部の修徳殿において、平成二十一年度第一回教師セミナーが開催され、講師のご用に、お使い頂きました。当日は、「心と魂の教育―宗教情操教育の立場から―」という講題でお話をしました。

質疑応答の時間に興味深く、大切な質問がありました。今回の講演内容にも、深く関わる根本的な課題であると、その時、私自身も受けとめましたので、質問と合わせ、私の答えも紹介します。

質問…心と魂の教育ということでありますが、心と魂の違いを、どう捉えておられますか。

答え…このことに関しましては、私の考えですが、心とは、個人、個人の精神活動の拠り所としての意味合いが強い。これに対し、魂は個人を越えた精神性を持ったもの、と感じています。心で感じることは、個人の精神内容でとどまるけれども、魂というのは自分個人にとどまらず、祖先というか、子孫にまで関わる霊性を備えたものという捉え方をしています。

古代中国では、魂を魂魄《こんぱく》といい、参考になります。魂も魄も、「たましい」ですが、やや違いがあります。魂には「云」が付いています。これは、雲を表していますから、死後も天空を浮遊する「たましい」という意味があります。これに対し、魄には「白」が付いています。これは白骨を表していますから、遺体に伴って、死後、土にかえる「たましい」という意味があるわけです。ですから、同じように「たましい」といっても、体を離れれば魂で、遺体に伴えば、魄というわけです。これは、古代中国からもたらされた考え方ですが、わが国もその影響を受けています。参り墓と、埋め墓の両方を合わせ持つ両墓制を、長い間採用してきたのが、その例です。

教祖様は、このことを端的に説いておられます。「死んだ者の魂は、天地の間にふうふうと、ぶゆが飛ぶように遊んでいるので、どこへ行くものでもない。わが家の内の仏壇にいるし、わが墓所に体をうずめていることからすれば、墓所と仏壇とで遊んでいるのである」（理Ⅱ・佐藤光次郎・二八）。この場合、霊舎が日々お参りする墓であり、墓所を埋め墓と見てよいでしょう。魂魄両方をお認めになっています。しかし一方では、自らの葬儀に関して、「死んだら、苞に入れて流しても焼いてもよいが、そうもできないであろうから、神の資格で葬り、ご神灯を先に立てて葬場へ行け。身を葬る時には大勢の人を呼ぶな。御霊を大切にせよ」（理Ⅱ・佐藤範雄・一三）と、み教え下さっています。ここでは、体「魄」よりも、みたま「魂」を大切にと、言っておられるように受け取れます。「死ぬというのは、みな神のもとへ帰るのである。魂は生き通しであるが、体は死ぬ。体は地から生じて、もとの地に帰るが、魂は天から授けられて、また天へ帰るのである。死ぬというのは、魂と体とが分かれることである」（天地は語る・六五）。このみ教えは、魂がわが身のみのものでなく、神の賜物であり、永遠のものであることを示されています。

花を見て、美しいと感じたり、物事に対する好悪喜怒哀楽の感情は、個人の心の働きと見てよいと思いますが、魂は自分個人にとどまらず、個人を超えた存在からもたらされたもの、という感がします。教祖様が言われる、「神の分け御霊」です。神様から分けて頂いた御霊（魂）ですから、死後はまたお返しするわけです。

ここで大切なことは、実は心もまた魂と無縁ではないということです。働きの違いは認められるが、まったくの別物、というわけではないように思えるのです。いやむしろ、魂は心の本体と言ってよいか、と思います。神様から御霊（魂）を分けて頂いたからこその心でありましょう。もっと端的に言いますと、神ありての魂、魂ありての心、ということです。これを図に示しますと、神↓魂↓心ということになります。信仰の現場では、これでよいかと思いますが、一般の教育現場では、矢印の方向を逆にした、心↓魂↓神の方が、最初は分かりやすいか、と思います。心の教育から、魂、信仰の世界に導いていく方向です。もちろん、教育には双方向性が大切な要件でありますから、時には信仰の世界から、魂、心を育てる方向性を取り入れることも大事です。

私が近年「心と魂の教育」と申していますのは、このことなのです。今日の教育現場でも、心の教育の必要性が言われて久しいのですが、なかなか魂の領域までは入りません。まして、神仏の世界に踏み込むことはありません。心の教育は、心の教育でとどまっているのが現状です。「木を見て森を見ず」、「病を見て人を見ず」の例えがありますが、「心を見て魂を見ず」では、心そのものを理解したとは言えないでしょう。さらに、「森を見て山を見ず」ともなりますと、何をかいわんやです。「心と魂の教育」を端的に表現しますと、信仰に基づく教育と申してよいか、と思います。信仰と分離した、心と魂は本来のあり方ではないというのが、私の基本的な考えです。

しかし、現実の社会、日本の現状を見ますと、心と魂が信仰に結び付いているようには思えない事象が多いのです。神も仏もない、という意識からは、「かたじけない」、「もったいない」という、いわば魂の叫びといった言葉は生まれてきません。神↓魂↓心から、神が取れてしまっては、魂と心は本来の働きができません。

戦後六十四年（平成二十一年当時）、日本の社会は、神が取れてしまった状況が加速しています。以前に紹介しました宗教に関する意識調査の結果を思い出して下さい。特定の宗教を信じているという人の割合が、三割を切っているという現実を、どう受けとめたらいいのでしょう。まさに、人々の意識から、神仏が取れてしまったことを、物語る以外の何者でもない結果であろうか、と思います。神仏との絆が切れてしまった人々の魂と心が、正常に機能するとは到底思えません。無理があります。どうしてこういうことになったのか。どうすればよいのか。このことが、今、われわれ一人ひとりに問われている、と思います。

まず、神仏離れ、宗教離れの原因ですが、以下の四つに起因する、と考えています。それは、一、法律　二、社会　三、教育　四、教団の四つです。四つの原因説と勝手に名付けています。問題の解決は、原因の究明が基本であり、この種の問題も、その原因を追及することが大切です。原因の分析が、すぐさま解決の糸口になることが多いのです。従って、どうすればよいのかの前に、どうしてこうなったのかということを、考えることが必要です。どうして神仏離れ、宗教離れが進行しているのか、その原因を考えていきましょう。

日本国憲法と教育基本法

　神仏離れの原因の一つと考えている法律のことですが、日本国憲法と、教育基本法が関わってまいります。日本国憲法第十九条には、「思想及び良心の自由は、これを侵してはならない」とあり、第二十条には、「信教の自由は、何人に対してもこれを保証する。いかなる宗教団体も、国から特権を受け、又は政治上の権力を行使してはならない。②何人も、宗教上の行為、祝典、儀式又は行事に参加することを強制されない。③国及びその機関は、宗教教育その他いかなる宗教活動もしてはならない」と、定められています。

　この憲法の精神を踏まえて制定されたのが、教育基本法です。その第九条には、(宗教教育に関して)「宗教に関する寛容の態度及び宗教の社会生活における地位は、教育上これを尊重しなければならない。②国及び地方公共団体が設置する学校は、特定の宗教のための宗教教育その他宗教活動をしてはならない」と、明記されています。

戦前の政府による国家神道の強制や思想統制には、多くの問題があり、これらの条文が、その反省に立って定められたと考えることは、極めて自然な解釈でしょう。旧日本国憲法にも、第二十八条に、信教の自由を謳《うた》っていましたが、「日本臣民ハ安寧秩序ヲ妨ケス及臣民タル義務ニ背カサル限ニ於テ」とあり、いわば条件付き自由でありました。これに対し、新憲法は画期的な内容を備えたものと言えましょう。

この憲法と教育基本法の目的とするところを要約しますと、結局のところは、国家と宗教の分離を目指したものであることは明らかです。別の言葉で言いますと、政教分離をはかることを、第一義にしている条文と理解してよいか、と思います。戦前の状況と比較しますと、新憲法と教育基本法で定められた、政教分離の原則は、政治が宗教に関与することも、またその逆の行為も禁じているわけですから、国民の信教の自由を保障するという観点から見ますと、まことに結構なことと言わねばなりません。しかしながら、そこに大きな問題が潜んでいたのです。

　ところで、この日本国憲法と教育基本法を貫く、政教分離の法則とは、一体どこからもたらされたのでしょうか。この考え方をもたらしたのは、アメリカです。このことは、今日では、ほとんどの国民が知っている、明らかな事実でありましょう。

　日本の政治的な行動の基盤に、国家神道の存在があると見た、当時の占領軍からすれば、国家と神道を分離し、政教分離の原則を、新憲法に盛り込むことは、戦争放棄の条項と同程度の価値を持った、重要なものであった、と思われます。終戦直後に出された、いわゆる「神道指令」や、国立の神宮皇學館大学の廃校などの一連の措置は、このことをよく物語っています。これらの措置が妥当なものであったかどうか、将来にわたって検証の余地を残す、歴史的な課題の一つではないか、と私個人は見ています。

　このような状況の中で、アメリカの憲法を下敷きにした日本国憲法が制定されたわけですが、アメリカの憲法の中には、「国家と教会を分離する」とあって、「国家と宗教を分離する」とは書いてありません。ここでいう教会とは、国民の九〇％がキリスト教徒のアメリカにあっては、カトリック、プロテスタントを中心とした、キリスト教各派の教会を指しています。厳密に解釈しますと、アメリカという国家の原則は、どの宗教も尊重するが、特定の教会に肩入れしないということであって、政治や儀式に宗教が関わるのは、むしろ当然というお国柄であることを、理解しなければなりません。大方の日本人の誤解、ないしは錯覚がここにあります。日本国憲法と教育基本法の真の解釈は、このことを抜きにしては考えられません。

アメリカと異なり日本では、政治と宗教は完全に分離されました。その結果、日本においては、政教分離の原則が極めて厳格に守られることになったわけです。政府はもちろん、地方自治体、裁判所、マスコミから教育界に至るまで、徹底しています。このことも、世界の現状からすると、稀に見る状況と言わざるを得ません。突出していると表現してよいか、と思います。

そして、金科玉条の如く守ってきた、政教分離の原則が、皮肉なことに、今度は人々の生活から、宗教そのものを分離させる作用を果たしていたのです。宗教離れの最大の原因が、この辺りにあることは、もはや明確です。

わが国の教育基本法第九条の第一項を、もう一度見てみますと、興味深いことがあります。そこには、「宗教に関する寛容の態度及び宗教の社会生活における地位は、教育上これを尊重しなければならない」とあります。ここに謳《うた》われた内容を、最大限行使しているのがアメリカで、軽視しているか、忘れているのが、今日の日本です。この一項があるにも拘らず、現実には公的場面での宗教の関わりを禁じた、日本国憲法二十条と、教育基本法第二項のみが強調されてきたのではないでしょうか。

「羹《あつもの》に懲《こ》りて膾《なます》を吹《ふ》く」という諺《ことわざ》がありますが、宗教に対する日本の状況は、残念ながらそのように形容できるのではないでしょうか。警戒心を強調するあまり、人間にとって大切なものまで見失ってしまうことは、避けなければなりません。信教の自由を主張することが、信仰そのものを否定することに繋がっていないか、よくよく検証していかねばなりません。

私立学校に許された宗教教育

宗教も教育を通じて、次の世代に継承されることは、キリスト教、仏教、イスラム教などの例を見れば明らかです。これらの宗教が、今日まで発展した最大の理由が、教育にあると考えるのは、私だけではないでしょう。教祖様や開祖の教えがあっても、教育という作用がなければ伝わりません。信仰のバトンも、教育あってのことです。

その教育は、教団、教会、地域社会、家庭など、あらゆる場面でなされてきた歴史があり、学校もその例外ではありません。否むしろ、既成宗教の多くが、ある種の教育機関を伴っていたことは、誰しもが認める事実でしょう。

現在でもあると思いますが、私が浪花女子高校（現金光藤蔭高校）に赴任して、宗教の授業を担当し始めた、昭和四十年代から六十年代の頃は、「学校で宗教教育をしてもいいのですか」、「日本国憲法や教育基本法に違反しているのでは」、「宗教色はあまり出さないで」というような疑問や、批判や、アドバイスの声がありました。

これらの問いかけが、日本国憲法二十条にあるⒶ「国及びその機関は、宗教教育その他の宗教活動をしてはならない」や、教育基本法のⒷ「国及び地方公共団体が設置する学校は、特定の宗教のための宗教教育その他宗教活動をしてはならない」の条文を意識したものであることは明瞭で、（便宜上Ⓐ～Ⓔで表記）政治と宗教の政教分離とともに、教育と宗教をも分けてしまう、私の造語ですが、いわば教教分離の方向に、国民を誘導する結果を招いたように思えます。しかし、この考え方は、日本国憲法と教育基本法に対する誤解か、偏った解釈によってもたらされた結果ではないか、と常々考えています。

宗教教育が禁止されているのは、日本国憲法では「国及びその機関」であり、教育基本法では「国及び地方公共団体が設置する学校」（傍点筆者）、いわゆる国・公立の学校です。この点が一番大切なところで、この条文から私立学校は、その対象でないことが読み取れるのです。

私立学校において、宗教教育が認められたのは、戦後の日本国憲法が始まりではなく、明治憲法下でも同様に許可されていました。明治以来、宗教系の学校が多数存在していた事実に思いを致せば、容易に了解できますが、誤解されている方も未だに多いようです。

ではなぜ私立学校では、宗教教育が許されるのでしょうか。この理由も実は、日本国憲法と教育基本法にあるのです。日本国憲法第十九条には、Ⓒ「思想及び良心の自由はこれを侵してはならない」、第二十条にはⒹ「信教の自由は何人にもこれを保障する」とあり、教育基本法には、Ⓔ「宗教に関する寛容の態度、一般教養及び宗教の社会生活における地位は教育上これを尊重しなければならない」（㊟教育基本法は平成十八年に改正され、一般教養の文言が加えられた）と、明記されています。

私立学校は、私立学校法に基づいて、「法人」を設立しなければなりません。いわゆる学校法人です。ここで重要になるのが、法人とは何かということです。法人とは、普通、人間と同じように、法律上人格を認められているものとされていますから、人間に人権や義務があるのと同様、法人にもあるとされます。従って、Ⓒ、Ⓓの原則は、当然、法人にも適用されることとなり、学校法人（私立学校）もその例外ではなく、信教の自由があるのです。私立学校に宗教教育が許される根拠が、ここにあります。同じ条文でも、国公立の学校は、Ⓐ、Ⓑの禁止項目に重点が置かれ、私学は、Ⓒ、ⒹあるいはⒺの許容項目の適用を受けることが分かります。

しかし、ここで注意しなければならないことは、Ⓔの項目です。これは、本来、私学のみならず、国公立を含むすべての教育機関に向けての条文であることを忘れてはなりません。宗教や宗教教育への批判が、ともすれば条文のⒶⒷに偏り、ⒸⒹⒺに思いが至らぬか、忘れられている傾向があるのは残念です。

宗教の存在意義

宗教は、教えられるものだろうか、という問いかけは、家庭や学校でしばしば発せられ、話題となります。この問いかけには、もっともな理由があります。宗教は、ある種の宗教的価値（教え）を、外部から注入するという作業を必要とするのに対し、教育は、個人が本来持つ可能性を、価値ある方向へ引き出すという作業を重視します。この注入と引き出しは、真逆の方向になるわけですから、日本国憲法や教育基本法のことと相まって、わが国では「宗教を教えてもいいの」という疑問と、抵抗感が出てくるわけです。従って、文科省も現場の教員も、宗教教育に対して、消極的で及び腰にならざるを得ないわけです。

しかし、よく考えねばならないことがあります。宗教と教育に共通する文字があります。「教」です。宗教も教育も教えるという行為なくしては、成り立たないものなのです。

そもそも、宗教という言葉の意味は何でしょう。宗教という言葉は、中国で祖先の霊に捧げ物をした霊廟を表わす「宗」と、その教えである「教」の二字で成り立っています。宗の字は、屋根を表わす「宀」と、お供え物を乗せた案を表わす「示」が組み合わされた文字です。宗の字は、やがて祖先の霊廟から、尊い趣旨というような意味に変化していきます。このことから、宗教という言葉は、本来「宗」の「教」、すなわち「尊い趣旨」の「教え」という意味であったことが分かるのです。教え、あるいは教えることなくして、宗教は伝わりません。教育もまたしかりです。それどころか、宗教にとって、今、一番大切なことは、教えであり、これを教える行為、すなわち、教育ではないか、と考えています。この場合の教育というのは、単に学校教育だけを指していません。むしろ、注目されていますのが、家庭と社会における教育です。学校もそうですが、今日の家庭と実社会の教育力は、一時代前に比べますと、驚くほど低下しています。

このことに関して、参考になる言葉を紹介しましょう。有名な教育学者、ペスタロッチは、「幼児は、まず母親から、愛、感謝、信頼、従順という宗教的体験にとって、基礎的な教育を受けて、それが信仰にまで高められていく」と、述べていますが、日本の現状を考えますと、実に示唆に富む言葉ではありませんか。今日の家庭で、このような教育が機能しているでしょうか。甚だ疑わしい、と言わざるを得ません。社会もまた家庭と同様、かつての役割を果たしているとは思えません。本来は、家庭や地域社会が担ってきた、道徳や宗教的情操の育成という機能は、次第に減退傾向にあると見てよいか、と思います。

しかし、一方では人間が宗教を持つのは本能であるから、ことさら教育をしなくても、放っておいても、いつか目覚めると楽観視する意見もあります。なるほど、宗教を持っているのは、動物の中で人間だけですから、この考え方にも一理あるかもしれません。しかし、長く教育現場にいた私には、放っていても神や仏に祈るようになるとは、到底思えません。今日のように、問題解決の多くを専門家に委ねる社会になりますと、何も宗教に頼らなくてもと、その必要を感じない人々も多いわけです。宗教自体の存在意義が問われている今日この頃、ご信心を頂いている私どもにとっても、無関心ではいられない、大きな課題です。確かなことは、信心する人、しない人、どちらにも問われている課題であるということではないでしょうか。

三、生活の中の宗教

核分裂家族

　宗教にとって、教育の果たす役割がいかに大きく、大切であるか。中でも家庭教育の重要性は、昔も今も変わりません。むしろ、今日の社会で最も求められているのが、家庭での宗教教育であり、宗教的環境ではないでしょうか。宗教的環境とは、神仏を祭る施設と、そこでの祭祀が、その家庭に備わっているか、ということです。

　家に神棚や、仏壇があると答える生徒の数は、この二、三十年の間に、確実に減り続けています。しかも、それが三世代にわたっている家庭も多いのです。すなわち、親も子も孫も、宗教的な施設も環境もない家庭に暮らしているわけです。団塊の世代と言われる現在、七十歳前後の世代は、生まれ育った家庭に、これらの環境が曲がりなりにも存在していましたが、親から独立し、新家庭を持つとともに宗教的環境を、次第に喪失していきました。高度成長期の、マイホーム世代の登場です。ご承知の通り、日本の社会は、それまでの大家族を中心とした、地域共同体の社会から、急速に、父、母、子という最少単位の家族、いわゆる核家族で形成される社会に、大変革を遂げました。

この変革の過程で、宗教に対する人々の意識にも、大きな変化が生じたのは、当然の結果であった、と言えなくもありません。この変革の結果、得たものも多く、また失ったものも、同時に多かったのです。マイホームは、言葉の示す通り、個人の独立を象徴するもので、同時代に世の中を席巻した言葉が、文化という言葉でした。文化住宅、文化包丁など、何にでも文化が付きました。マイホームと文化は、当時、近代的、民主的、個人主義の代名詞のように使われていたように思われます。

家庭崩壊という言葉が言われて久しい昨今ですが、今やマイホームはマイルームへと進行し、一家団欒という言葉が、死語のようになってきています。親といえども、子どもの部屋に立ち入れなくなっている。大家族から核家族、さらにそれが個人へと、どこまで小さな単位になるのでしょうか。命と信心は、どう伝えられていくのでしょうか。宗教について考える上で、家庭の果たす役割は無視できない、重要なポイントです。とりわけ、信心の継承という観点から言えば、切実な問題でしょう。

以前に、私が関わったある女生徒のことを、紹介しましょう。彼女が高校二年生の二学期の中頃のことだった、と記憶していますが、当時の担任から相談を受けました。「Aが『退学したい』と言って、聞きません。何とか説得して頂けませんか」。成績も優秀で、クラスのリーダー的存在で、学年主任の私もよく知っていた生徒の突然の申し出に、担任同様面喰いました。

本人から事情を聴いて、唖然としました。彼女の家庭は、まったくのバラバラ状態だったのです。両親と姉の四人家族ですが、生活時間も食事の内容も別。冷蔵庫の中には、それぞれが購入した食材に、名前を書いて入れてある。父親は、

「これは、おれの金で建てたおれの家だ。おれは、男として責任を果たしている。お前たちは、この家に住めることに感謝しなければならない。生活費は、それぞれが稼ぎ出せ。A子の授業料だけは、出してやる」。おおよそ、このようなことでありました。かくて、母、姉、本人は、それぞれアルバイトで、自分の生活費を稼ぎ出す日々を送ることになった、というわけです。俄かには信じられないが、本当の話です。後日、退学手続きに来られたおり、母親に事情を聴かせてもらい、事実であることを確認しました。

この話は、極端な例と思いながら、詳しく調査を進めてみると、同様の家庭が結構あることが分かりました。それ以後、私はこのような家庭を、一つ屋根の下に同居しているだけの同居家族、もしくは核分裂家族と呼び、原稿や講演で使用しています。心の痛む状況です。バラバラな状態の家庭が、増加傾向にあること、そのことに起因すると思われる、親子を巡る事件の何と多いことか。とりわけ、親殺し、子殺しの事案は、人間そのものへの不信感を募らせる、最悪の事態と言えましょう。

　親子の関係が、単にＤＮＡの繋がりだけに終わってしまったのでは、本来の親子とは言えないでしょう。親子間の祈り、願い、尊敬や愛護など、心の交流なくして、命の繋がった親子とは認められません。ＤＮＡイコール命というようなものではないのです。心の交流もないままに、ＤＮＡの繋がった者同士が同居している、同居家族というのが、私の言う核分裂家族の実態です。そこには、虐待やいじめ、ＤＶ（ドメスティックバイオレンス）、ひきこもり、家庭内暴力など、およそ家族間の心の絆を引き裂く問題が、渦巻いています。

　み教えにありますように、「家内中親切にし、信心をすれば、心がそろうようになり、みなおかげを受けられるのである。親子でも、心が一つにならねばおかげにならぬ」（理Ⅲ・御理解拾遺・一八）とありますが、先に申しました家庭内に起こってくる様々な難儀は、家庭内に、お互いを思いやる親切が欠けており、何よりも信心がないことから、生じてくるように思われます。

先祖を思う

昨今の宗教事情に関する話題として、注目を集めているのが、お墓の問題です。ここへきて、その変化の速度には驚かされます。散骨葬や樹木葬などは、かなり前から報告されていましたし、遠隔地のお墓を近くに遷《うつ》す、いわゆる改葬墓も増加しているのも事実です。しかしながら、これらのケースは、形こそ違うものの、お墓を伴っています。散骨葬といえども、すべてを散骨するのには、抵抗があるのでしょう。お墓に納めたあと、その一部を散骨する例が多いようです。また、家族墓を持たず、無縁墓地への納骨を希望する人々も、近年、増加傾向にあるようですが、やはりお墓であることに変わりはありません。

お墓の問題は、単にお墓だけの問題ではないことは、今さら言うまでもありません。葬儀や、その後の供養、お道で申しましたら、式年祭に対する変化と関連しているわけです。葬儀や法事、年祭も、随分、変化してきています。その原因は、色々ありましょう。家族制度の変質、都市への人口集中と地方の過疎化、高齢化と少子化など、複雑な要因が重なり合ってのことでしょう。こうした社会現象の大変化が、身内の死や、先祖祭りへの意識に、かつてない様相をもたらしたもの、と思われます。

お墓の問題は、大げさに聞こえるかもしれませんが、死の問題であるばかりではなく、同時にそれは、生の問題でもあるのです。すなわち、われわれ一人ひとりにとって、人生いかに生きるかという、大命題に直結している問題ではありませんか。

教祖様のみ教えに、「御霊の祭りは大切にせよ」(天地は語る・二〇八)、「みな分家をすると、うちには仏様がないと十人のうち九人までが言うが、それは大きな間違いである。人にはみな先祖というものがある。押し入れのはしにでも、先祖様と言ってまつらなければならない」(理Ⅱ・伍賀慶春・二〇)があります。改めてこのみ教えを頂き、わが生きる真の意味を考えていきたい、と思います。

そこで、気付かされることは、「お葬式は、生きる儀式だと思う」という、テレビのコマーシャルで有名になりましたから、なるほどと納得された方も多いのではないか、と思います。まことにその通りです。生き残った者が、どう生きるかということが問われている、と捉えた方がよいのではないでしょうか。

徒然草の三十段に、「人の亡きあとばかり悲しきはなし」で、始まる文章があります。この一行を読みますと、「親しき人が亡くなった後ほど、悲しいことはないなあ」と、人を亡くした悲しさを述べたように思いますが、全文を読んでみますと、実はそうではなく、残された人の行状について、作者の鴨長明が、悲しいことだと言って嘆いている内容なのです。当時は、四十九日が済むまで、家族、親戚は、山里に籠って、追善供養に励んだようですが、その日が来ると、われ勝ちに荷物をまとめて、ちりぢりに各々の家に帰って行く。その様は、まことに情味もなく、去る者日々に疎しのことわざのように、亡くなった当座ほどには、悲しくないのだろうか。果ては、つまらぬことを言って、笑ってもいる。情けなく、悲しいことだ、との思いを述べているのです。また、お墓もいつしか苔むし、思い出して、慕ってくれる人があるうちはまだいいが、やがては誰のお墓であるかも知られなくなる。松も千年を待つことなく砕かれて薪となり、古い墓は鋤かれて、田となるの例えで、形さえもなくなっていくのだ、と述べています。

時代状況は、まったく違いますが、この話には、現代に共通するものがあり、何か身につまされる思いがいたします。確かに、古い家の墓を守っていくことは、今日の社会環境や、家庭のあり様から見れば、これを維持管理していくことは、至難の業であり、当事者の苦しみは、想像するに余りあります。名も顔も定かではない、ご先祖を偲び、喜んでもらう生き方をする、との思いを忘れぬことこそが、風化を防ぐ、唯一の手立てではないか、と最近は考えています。

社会の無縁化

お葬式やお墓に関して、社会全体に従来の価値観が、大きく揺らいできています。読売新聞が、平成二十一年七月に行った全国世論調査を見ますと、興味深い結果が報告されています。少しだけ紹介し、事の本質について考える材料にしましょう。

「誰と一緒に墓に入りたいか」という質問に対する回答で、配偶者が最多の六七％となり、先祖の二七％を大きく上回ったということです。離婚率が上昇している昨今、配偶者と一緒の墓に入りたいという人が、約七〇％もあるということは、予想外の数字で、熟年離婚の危機に直面している団塊世代にとっては、安心してはいけませんが、胸をなでおろす結果とも言えましょう。

一方、自分の葬式に関しても、身内と親しい人だけが三九％、家族だけの二一％を合わせて、六〇％の人が内輪で済ませたい、と答えています。会社や、地域の人たちに参列してもらう葬式よりも、内輪でと考える人は、今後とも増えていくでしょう。こうした傾向に対し、その是非を問うことは、最早あまり意味のあることではないように思えます。時代と、社会の急激な変化、流れは少々の論理で支え切れるものではありません。この調査結果の全体的な押さえとして、希薄化する地縁、血縁意識、社会の無縁化が強まる懸念、と分析されています。

教祖様が、「世が開けるというけれども、開けるのではなし。めげるのぞ」（理Ⅰ・市村光五郎一・二七）と言われた、その内容を、今を生きるわれわれ一人ひとりが、もう一度、問い直してみる必要がある、そんな社会状況ではありませんか。希薄化する地縁、血縁意識は、取りも直さず、社会の無縁化を意味していると申してよいでしょう。

松尾芭蕉の「秋深き隣は何をする人ぞ」のこの句には、隣家に住む人への深い思いが込められているのに対し、今日のそれは、芭蕉の思いとは裏腹に、隣人との無縁化を象徴する言葉として使われているのではないでしょうか。所在の分からなくなった高齢者の問題、幼子への虐待事件。ともに隣人には見えてこないもどかしさがあります。いやむしろ、見ていない、関心がない、と言った方が正確かもしれません。ともかく、社会の無縁化はいくところまでいったようなありさまです。教祖様が、「めげるのぞ」と言われる、まさにそのような事態に立ち至っている、今日、ただ今ではありませんか。このみ教えの大切なところは、この後に続く、「そこで、金光が世界を助けに出たのぞ」にあることは、言うまでもありません。教祖様のみ教えが、今日ほど求められ、必要とされる時代はないのではありませんか。私は、そう思います。

「人が人を助けるのが人間である。…人間は、自分の思うように働き、人を助けることができるのは、ありがたいことではないか」（理Ⅰ・山本定次郎・六五）とのみ教えは、神願そのものであり、お道にご縁を頂く私どもの信心の究極の目標ではなかろうか、と日頃から考えています。核分裂家族の行き着くところは、血縁、地縁の無縁化という、人間関係の空洞化をもたらし、様々な難儀を生み出しています。この難儀に対し、神願成就のお役に立つ信心の中身が問われます。

経済や政治、教育も、混迷の度を増すわが国。教祖様が「めげるのぞ」と表現されたのは、明治維新を迎えた、日本史上空前の大動乱期でしたが、今日の状況は、ある意味では、当時より複雑な時代環境であるか、と思われます。

教祖様時代の明治時代の人々は、先の見通せない中で、「世の中は、もう信心でなければいかん」と、教祖様の前で口々に言い合っていたのでしょう。しかし、教祖様から見れば、本当の信心をしている者は、ほんの一握りの人でしかなかったのでしょう。それが、「世の中はもう信心でなければいかんと、みな人が言うておろうがな。口で言うても、信心はせん」(理Ⅰ・市村光五郎二・二二)という極めて厳しいお言葉になったのだ、と思われます。何と耳の痛い教えではありませんか。今日に生きる私どもも、信心を語る上で、心しなければなりません。そうなると、軽々に信心という言葉を使えません。

しかしながら、今日の現状は、維新当時より複雑な社会となり、人々が抱える難儀も、質、量ともに増大しています。当時では考えられなかった問題が次々に生じ、この解決のため悪戦苦闘、本当に難儀をしています。これに対し、科学の発達は、これらの難儀に対し、実に有効な解決策をわれわれに提供し、まさに科学万能の時代が到来しました。その意味では人類は、かつてない繁栄の極みにあるとも言えます。

ところが、この繁栄の大樹は、大きな陰を伴なっていたのです。都市化に伴う過疎化。合理化という首切り。組織、集団に対する孤独感と疎外感。あげると切りがありません。繁栄のもたらす落とし穴と言ってよいか、と思います。この落とし穴から這い上がるためには、私もまた「もう信心でなければ助からん」と言いたいのです。しかし、「信心はせん」と言われるような信心はしたくないのも事実です。

信心とおかげの連鎖

教祖様の信心が、どのようなものであったのかという問いに、適当する答えを見出すのは、容易なことではありません。それは、同じみ教えを頂いても、それぞれの受け取り方が違いますと、信心の中身も自ずから違ったことになってしまいります。

「神は平等におかげを授けるが、受け物が悪ければおかげが漏るぞ」(理Ⅲ・金光教祖御理解・二二)というみ教えがありますが、その受け物が、神様の機感にかないませんと、おかげが漏れていくわけです。しかしながら、神様の機感にかなうことが、これまた難しい。なぜならば、教祖様は、「身代と人間と達者とがそろうて三代続いたら家柄人筋となって、これが神の機感にかのうたのじゃ」(理Ⅲ・金光教祖御理解・七八)と、ご理解下さっています。これは、教祖様のご信心の極致を、具体的に示して下さったみ教えではなかろうか、と常々思わせて頂き、わが信心の目標ともさせて頂いています。「身代と人間と達者がそろうて三代続いたら」とは、何と厳しい条件でしょう。教祖様が、「神の機感にかのうた氏子が少ない」と、おっしゃるのもうなずけます。たいていは、どれか欠けてしまいます。どうして、そうなるのでしょうか。その答えは、同じみ教えの後半にあります。「神のおかげを知らぬから、互い違いになってくる。信心して神の大恩を知れば、無事達者で子孫も続き身代もでき、一年まさり代まさりのおかげを受けることができるぞ」と、すべての条件を満たす一番大切なところは、信心して神の大恩を知ること、と説いておられます。

手前勝手な解釈ですが、このみ教えから導き出されることは、信心とは、神の大恩（おかげ）を知ることであり、そのような信心をすれば、それがまた新たなおかげにつながる、いわば「信心とおかげの連鎖」と申してよろしいでしょうか。神の大恩を知ることが信心であり、そのような信心をすれば、それがまた新たなおかげを生み出す、信心とおかげの連鎖と称する所以です。教祖様の示された信心とは、そのようなものではなかったのか、と考えています。

パワースポット

近年、各地のパワースポットに、人々が殺到しているとのこと。不思議な現象で、関心をお持ちの方もあろうか、と思います。

平成二十年（二〇〇八）から翌年にかけて、伊勢神宮にお参りする機会が度重なりました。金光教難波教会の教会誌は『藤なみ』と申しますが、その年より、執筆者の一員にお取り立て頂きました。さて、何を書かせて頂くか考えていましたが、その時はっと気付かされましたのは、教祖様の伊勢参宮のことでした。

十七歳にお参りされ、平成二十二年がちょうど百八十年の御年柄でありましたので、三回にわたり「教祖様と伊勢参宮」と題して、掲載させて頂きました。その取材の必要から、神宮にお参りすることになったわけです。

何年かぶりにお参りして、気付かされたことが、二つあります。一つは、平日でありますのに、以前よりも参拝者が多いな、と感じたこと。内宮などは、駐車場に車を止めることができず、日を改めて出直したことがあったくらいです。遷宮が近付いていることを割り引いても、驚くべき多さです。二つ目は、若い人が多く、中でも女性が目立ちます。多くは、二、三人の気の合ったグループですが、一人で参拝する女性も結構います。しかも、ご正宮だけではなく、普段ならあまりお参りしない、別宮にでも、若い参拝者に出くわします。ほとんどが、二礼二拍手一拝の作法を実行しているのには、いささか驚かされました。教祖様がお泊りになった、龍太夫の屋敷跡は、現在、神宮で使われる和紙の製造会社として残っていますが、すぐ近くの月読みさんにも、若い女性がお参りしていました。彼女たちにとって、信心とおかげとは、どのようなものでしょうか。興味があります。

各地のパワースポットに、人々が殺到しています。どうして、このような行動が生まれてきたのでしょうか。背景には、わが国が直面する、深刻な社会状況があるように、思われます。政治家が主張するように、この二十年間の閉塞感は、人々の生活や精神活動にまで、大きな影響を与え、かつてない現象が生じています。

大学を卒業しても就職ができないため、就活なる言葉が、いち早く市民権を得ています。相次ぐ企業倒産、自殺者の数は目を覆うばかりです。これらに共通することは、先行きが限りなく不透明である、ということではないでしょうか。不確実で、不安定な世の中には、いつの時代もそうあったように、人々は心の救い、癒しを確かなもの、大いなるものに向けます。生きる力を与えてくれる、パワースポットと言われる場所に、漠然としたある種の期待を寄せるのは、ごく自然な人間の行動と申してよいか、と思います。

　平成二十年三月に、比叡山延暦寺において、「神仏霊場会」が設立されました。近畿一円の百五十社寺が、神仏同座、神仏和合の精神をもって、相互に巡拝をすることを目的として、設立されたものです。この事実は、わが国の近代史、とりわけ宗教史において、画期的な出来事と言わざるを得ません。神道と仏教、すなわち神社と寺院が分離されたのは、明治の初年の神仏判然令（神仏分離令）でした。以来、今日まで、神社とお寺、神と仏は、別物ということが、当たり前のようになってしまったわけです。

「神道じゃの仏じゃのというて、かたぎる（かたくなになる）ことなし」（理Ⅰ・市村光五郎三・七）と、説かれる教祖様の教えが、百四十年振りに、宗教界の大きな動きになって現れてまいりました。

　先の百五十社寺の多くが、パワースポットとして、人気を集めているのは、この動きと無関係ではありません。大切なことは、その宗教史上の意義ではなかろうか、と思います。

四、言葉のいわれ

神をまつ

皆さんも経験されていることかと思いますが、春の天地金乃神大祭が終わりますと、教会長や信徒会の代表から、「今日から、秋の生神金光大神大祭に向けて、一層、信心の稽古をさせて頂きましょう。秋のご大祭は、もう始まっているのですから」という趣旨の話が、各教会でされます。若い頃は、正直言って、「えっ、もう秋の話」と、思ったことでしたが、皆さんはいかがですか。

このことに関して、もう随分昔のことですが、ある教会の老先生が、「お祭りというのは、神様を待つから、まつりと言うのだ、一日一日、神様がお出ましになる日を待たして頂く。そうして、お出迎えさして頂く日が祭りです」と、ご教話を下さいました。言葉通りではありませんが、神を待つからまつり、という部分だけは、間違いなく聞き取らして頂いた、と思います。

後年、色々調べていくうちに、この考えが、その先生お一人のものだけではなく、有力な説であることが分かりました。以来、私自身も、日々、神様を待つ思いを大切に、ご大祭の日を迎えるようにしています。

これと関連する興味深いことがあります。お正月の門松です。今日、門松が立てられるお家は珍しくなりました。この門松でありますが、なぜ松かと申しますと、これがやはり、神様を待つにかけられているわけです。お正月というのは、本来、ご先祖の御霊をお招きする行事でありましたから、暮れから、その準備をしたわけです。松が、歳神様とご先祖様が帰って来られる目印としての、役割を担っていたわけです。そうして、歳神様が下さるものが、いわゆるお年玉です。

「もういくつ寝るとお正月」というのは、子どもばかりの気持ちではありません。古くは、大人も含めた、神様、ご先祖様を待つ思いが、門松という習俗を生み出し、今日に伝えられていることを、理解したいものです。

日本の伝統芸能の代表といえば、まず最初に思い浮かべるのは、能と狂言です。

他に歌舞伎と答える方もおられるでしょう。能と狂言が、能舞台という特別の空間で演じられることは、皆さんご存知の通りです。

さて、その能舞台ですが、そこには欠くことのできない、格別の装置といいますか、ある絵模様があります。舞台の正面の壁板（これを鏡板と言います）には、松が描かれています。しかも、老松です。能舞台には、この老松の絵が、どうしても必要とされてきたのです。この松は、「影向《ようごう》の松」と言います。神仏がやって来られる松とされ、鏡板と呼ばれる正面の板壁に、影向の松が描かれていることから分かることは、能や狂言が、神をお迎えして行われる芸能であるということです。神様に来て頂くのを待つから、松の木が描かれているわけですが、別の見方をしますと、そもそも芸能とは、神様に見せ、喜んでもらうのが目的であったのです。もちろん、これを鑑賞する人々の楽しみや喜びでもあったわけですが、このことは、能や狂言よりもっと古い、神楽《かぐら》にも共通する目的です。

祭り日

まつる・祭り・祀り・奉るは、それぞれ意味の通じる言葉で、すべて神仏を待つに関わることであることが分かりますが、人が神を待つのが祭りの本義であることは、理解できたとして、私にはもう一つ腑に落ちないのです。祭り日には、神様もまた人を心待ちにして下さっているのでは、と思えるからです。すなわち、神人ともに祭り合うことが、祭りの本来の意義ではないか、と考える所以です。

教祖様のご伝記を読ませて頂きますと、いわゆる祭り日とされるものがあり、その種類も色々あることが分かります。祭り日の中心が、月々の九日、十日の金光大神の祭り日と、二十一日、二十二日の天地金乃神の祭り日にあったことは、言うまでもありませんが、とりわけ、九月十日を、金光大神祭り、九月二十二日を九月祭りと呼んで、大切にされていたことに、改めて思いをいたさねばならない、と思います。

毎月、十日と二十二日には、ご本部の会堂広前で、月例祭が執り行われますが、教祖様の時代に定められた、祭り日のありようにちなんで、今日に至るまで、生き生きと仕えられているのです。この月例祭の奏楽ご用に、何度もお取り立て頂きましたが、その都度、教祖様、神様はお待ち下さっているなあ、と実感しました。これは、本当に有り難く、不思議な経験ですが、あの場で奏楽をしませんと感じられない、実に確かな思いです。

祭り日の他、色々なご縁日もお定めになっておられます。三日は、大将軍の縁日、七日は、子の星の縁日、一日、十一日、二十一日は、天照皇大神の縁日などが、その例です。こうしたご縁日と祭り日を迎えるに当たり、何日も前から身を慎み、心の改まりをされながら、その日を待たれたのでありましょう。

以上、神を待つから祭りと申してまいりましたが、一方で、もっと大切に思われますのは、天地金乃神様は祭りの日だけお出ましになるのではなく、いつでも、どこでも、人の願いを待って下さっている神様ということです。

おかげ

み教えに、「広大なおかげ、広大なおかげと言うが、おかげとは氏子のめいめいの真に映る影のことじゃから、神様に大きな真を向けて見よ、大きなおかげがわが身にいただける。小さな真で大きなおかげはもらえぬぞ。影は形にそうと決まったものじゃ」（理Ⅲ・尋求教語録・二一）とあります。私は、このみ教えを読ませて頂く度に、思い出すことがあります。私が師事した川崎聖風という欄間の師匠の言葉です。

「よい作品を作ろうとしたら、よい刃物がいりまんなあ。しかし、よい刃物を持っていても、砥石が悪いとあきまへん。砥石が悪いと、何ぼ研いでも切れしまへん。砥石の面が曲がってたら、刃物も曲がるという理屈ですわな。初心の人は、研ぐ時の刃物の面ばかり見てますが、見てもらいたいのは、砥石の方だ。私らは、刃物を研ぐ前に、砥石の表面を先ず研ぎますのや。これを砥石の『面直し』と言いますのや。刃物によって砥石は扱い方ひとつですぐに傷つき、何ぼでも曲がります。曲がったままの砥石で研いでいますと、砥石の曲がりが、刃物に映るということです。そやから、刃先を真っ直ぐに研ぎたい時には、砥石の表面も真直ぐでないといけません。正直なもんだ。真直ぐにしたい時には、真直ぐな心でないといけまへん。あせったり、急いだりしたら、すぐ曲がりですわ」。

み教えと、わが師匠の言葉とを、もう一度、交互に読み直して頂くと、何となく通じるものがあるように感じられませんか。おかげとは、氏子めいめいの真に映る影とみ教え下さっており、また影は形にそうものとも言われますが、刃物は砥石にそうものと考えますと、真によく理解できるように、思うのです。

桜の木の下に

小学校四、五年の頃かと思いますが、一時、桜の花に夢中になり、幾枚もの絵を描いたことがあります。木全体を描くより、一房か二房を、精密に描くのが多かったように記憶しています。花や葉の形や色など、他にも優れた花が多いのに、どうして桜なのか、当時は気付く由もありませんでした。

大学入学後の研修で、松阪の山室山にある本居宣長のお墓に参拝しましたが、お墓の周りには、桜が植えられています。宣長には、「敷島の大和心をひと問はば朝日に匂う山桜花」という有名な歌がありますが、桜の花に一入の思い入れがあったようで、自分の墓に桜を植えるよう、こまごまと遺言しています。今日の樹木葬です。

桜の名所と言えば、吉野山ですが、宣長と吉野の繋がりは、その生誕のいわれに明らかです。子に恵まれなかった両親が、子授けに霊験あらたかと言われた吉野の水分《みくまり》神社に祈願し、その甲斐あって、生まれたのが宣長であったわけです。どうして、水分神社が子授けに良いのか、分かりかねます。そもそも、水分とは字の通り、水を配ることを本務とする神様として期待されていたのですが、いつしか「みくまり」が、「みこもり」に転化していきました。すなわち、み子守です。

これが、子どもを産み育てる神として意識されるに至った経緯です。彼が、桜の名所である吉野山を訪ねた動機は、両親への感謝と、神様へのお礼であったわけです。有名な『菅笠日記』は、このおりの旅日記です。このように、宣長と桜の結びつきは吉野との関係を知れば、了解できます。

さて、桜と言えばもう一人、忘れがたい人物がいます。西行法師です。伊勢や二見にも一時隠棲したこともあり、何か身近に感じますが、彼は生涯に膨大な数の桜の歌を残しています。中でも、「願はくは花のもとにて春死なむそのきさらぎのもち月の頃」は、あまりにも有名です。その願いの通り、その月のその日の頃に、世を去ったことは、その時代の人々に、驚きと尊敬の念を持って受けとめられました。河内の国の弘川寺にある彼の墓も、また桜の木に覆われています。二人にとって、桜は生と死を繋ぐ、命の花であったのでしょう。

本居宣長や、西行法師の墓事情は、いずれも今日でいう樹木葬の代表例として捉えることができますが、宣長の桜にかける思いは、半端なものではありません。

遺言で「山桜の随分花の宜しき木を吟味いたし…もし枯れ候はば植え替え申すべく候」と、枯れた場合の措置にまで言及していますから驚きです。

松阪市郊外にある山室妙楽寺にあるお墓には、自筆の「本居宣長之奥墓」と刻まれた墓石があり、そこに遺体がこれまた細かい指示どおりに納められています。一方自宅には、生前常に使っていた、桜の木で作られた笏には、「秋津彦美豆桜根大人」と神道式の諡を記し、霊碑として仕立てることを命じていますから、桜へのこだわりが尋常でなかったことは明らかです。

西行にも、「仏には桜の花をたてまつれわが後の世を人とむらはば」という歌があり、自分の死後、桜を供花として手向けるように望んでいます。

先祖供養

このような例から分かりますことは、死に際し、遺言することは、死の準備ではなく、むしろ死後も生きるための準備のように思えます。残された者も、遺言の内容をできるだけ叶えようと努力します。追善供養というのは、そこから生じた行為でしょう。先祖に代わって、子孫が先祖のために行う先祖供養、そのものとも解釈できます。それによって、先祖が救われるとされるのですが、ここに興味深い文章を紹介しましょう。

「日本人を悩ますことの一つは、地獄という獄舎は二度と開かれない場所で、そこを逃れる道はないと私たちが教えていることです。彼らは亡くなった子どもや両親や親類の悲しい運命を涙ながらに顧みて、永遠に不幸な死者たちを祈りによって救う道、あるいはその希望があるか問います。これに対し私は、その道も希望もないと答えるのですが、泣くことをやめない」(フランシスコ・ザビエルの手紙より)

カトリックの教えに、追善の方法はありませんから、子孫の信心によって先祖が救われることはないのです。彼らが救われないのは、イエスの信仰者でないからというのが、この場合、唯一の理由なのです。救われないということは、地獄に落ちるという意味ですから、「あなた方は、イエスの言葉を信じて、天国へ行きなさい」と、説くのです。しかし、先祖供養を大切にしてきた、当時の人々にとって、位牌やお墓の否定に繋がる信仰に、おいそれと改宗できなかったであろうことは、想像できます。

一方、教祖様はどうでしょう。「先祖、先祖からの罪をわびよ。めぐりは、ひなたの氷のようにお取り払いくださる」（天地は語る・一八九）、「『先祖からのご無礼がありましょうとも許してくださいませ。日々信心いたしますから、信心の徳をもって、どのようなめぐりもお取り払いくださいませ』と言って願うがよい」（理Ⅱ・鳥越四郎吉・一）、「三つのご膳（ご神飯）は、日乃大神と月乃大神と金乃神とに供えるということを、人から聞いたので、金光様にお伺いしたら、『それでもよいが、一つは天、一つは地、もう一つは天地の間に供えるのである。それは、信心する者みんなの先祖先祖からの御霊に、神が分け与えてくださるのである。一心に信心する者が神に供えた物は、神から先祖に分け与えてくださる。

ありがたいことではないか』と仰せられた」（理Ⅱ・近藤藤守・四七）など、われわれ自身の信心が、親先祖と繋がっていることを、教えて下さっています。先祖の罪や、無礼も、私どもの信心の徳でお取り払い下さるというのでありますから、先ほどの例とは異なり、安心できる尊いみ教えと申せましょう。さらに、信者が供えた物は、神様がそれぞれのご先祖に分け与えて下さるというのでありますから、何と念の入ったお心遣いであるか、と思わせられるのです。

不確定社会に生きる

昨今、想定外という言葉が、あらゆる場面で普通に使われていますが、これは、人間の知識や、技術を超えた事態に直面した場合に、思わず発せられたものでしょう。ここで大切なことは、人間の想定する事態は、しょせんその程度のものであったということです。そこには、知識や技術への過信や、人間の傲慢さが垣間見られます。このような想定外の出来事が続いている今日は、別に不確定社会と表現してよい、と思います。

混迷極まりない不確定社会に対し、宗教の果たすべき役割は、いかなるものでしょう。『寺院消滅』どころか、『宗教消滅』という本が書店に並び、イスラム国の問題と相まって、宗教と人間の関係に、ある種の陰りが見られる今日、信奉者として、どのような信心が求められているのか、輔教として、また宗教情操教育の現場に関わる者として、その可能性を報告させて頂きます。


右は、平成二十八年八月末に行われた、金光教西近畿教区輔教集会で、講師のご用を頂いた時のレジュメの冒頭の文です。自らも輔教である私が、輔教研修会の講師というのには、正直ためらいがあったのですが、「まあ、それもありか」と、お引き受けしたことでありました。

集会のテーマは、『神が喜ぶ信心とは』というものでしたので、先に紹介しました、レジュメの内容について、様々具体例をあげてお話ししました。その中で、

「想定外と言うけれど、今日、われわれが生きていること、そのことがすでに想定外の事実であって、今日、明日どころか、今の今さえ、私どもにはどうなるのか、確かなものはないのです。不確かなところを生かして下さっているからこそ、有り難いのではないでしょうか。おかげの中に、生かされて生きている、というのはそういうことでありませんか。このことに気付かして頂くことが、信心の入り口であり、目標でもあると言えます」と、大要、そんなところから講話を始めさせて頂きました。

このことに関連して、次のような具体例を紹介しました。「夜遅く塾通いの子どもたちと、乗り合わすことがあります。以前は彼らの集団が乗って来ると、なかなかにぎやかで、時にはうるさいくらいでしたが、今はそうではありません。ほとんど全員、黙々とゲームに興じているのです。ポケベルから携帯、今ではスマートフォンと、コミュニケーションの手段が、猛スピードで変化しています。途中で降りていく子どもも、見送る子どもも、チラッと顔を見合わせ、お互いゲームをしながら、短い挨拶を交わしています。実に、静かなものです。もっともこの情景は、子どもばかりではありません。乗客の大人も、大抵、携帯の画面とにらめっこ状態ですから、見方によっては、車両ごと一種異様な風景が現出しているわけです。大人はともかく、子どもたちのありようは、実に心配です。これで本当に自分の意思を伝えたり、他人の思いを汲み取ったりできるのだろうか、と心配になります。人間関係においても、想定外の状況が進行しはしまいかと。いじめや、不登校などの現状を考えると、ついそのように思うのです」と、日頃から気になっていることを、皆さんに問いかけてみました。

スマートフォンに代表されるように、コミュニケーションの手段が、最先端機器に移るようになるのは、時代の進歩の象徴であり、もはやこの流れは誰も止められません。しかし、お互い顔の見えない情報の交換ほど不確かで、危ういものはありません。教育、宗教、医療の世界でも、肝心なところは、師匠から弟子への面授であったり、医師による触診による効果が大きいのです。「人が人を助けるのが人間である」（理Ⅰ・山本定次郎・六五）という み教えの確かなところを、コンピューターとともに、考えていきたいものです。

五、教祖様と神仏

神仏習合と神仏分離

わが国の宗教を歴史的に眺めた場合、その特性を一言で表現するとすれば、私は神仏習合の歴史と呼ぶことができる、と考えています。すなわち、六世紀半ばに、仏教が伝来し、それ以前から存在し、わが国固有の宗教とされる、神道との間に、蘇我、物部両氏に代表される、崇仏、廃仏論争があったものの、西洋の歴史に見られるような、深刻な宗教戦争に発展せず、むしろ神仏が、それぞれに歩み寄り、相携え、相支え合うという欧米の研究者をして、驚嘆せしめる関係を、長い歴史を通じて築き上げてきたわけです。

聖武天皇が、奈良の東大寺に大仏、毘盧遮那仏《びるしゃなぶつ》を造立しましたが、この大仏様は、その名の示す通り、万物を照らし、人々に光明をもたらす、と信じられていた仏様です。また後に、弘法大師は中国から、当時、最新の仏教である、密教をわが国にもたらしますが、密教ではこれを大日如来と申します。

毘盧遮那仏と、大日如来が受け入れられた背景には、天照大神に対する伝統的な信仰があったことを、忘れてはなりません。神仏習合という、世にも稀な現象が完成するまでには、八百万の神は、仏が仮に現れたものという考え方が、仏教側から示されました時期もあります。これを、本地垂迹説と言います。日本の歴史の大半は、神道と仏教が、平和裏に打ち解け、神社に神宮寺が、お寺に鎮守の社が仲良く立ち並ぶのが、当たり前の宗教的環境であったわけです。

そして、この神仏習合の最後の時代と、神仏分離の始まりの時代に、独自の信仰の世界を歩まれたのが、わが教祖様であります。教祖様が、幕末から明治にかけての時代、わが国の歴史上、かつてない大動乱の渦中に、その生涯を過ごされたことは、誰しもが承知している事実でしょう。しかしながら、それが神仏習合の最後の時代から、神仏分離の始まりの時代であった、という捉え方は、研究者の間でも、案外見過ごされてきた視点ではなかったか、と私はかねてより感じていました。つまり、教祖様は神仏習合と神仏分離という、いわばまったく正反対の社会状況を体験され、しかも、そのどちらとも一線を画された、独自の信仰世界を築かれたわけです。教祖様の信仰を語る上で、欠くことのできない視点である、と考える所以です。

教祖様は、ご承知の通り、江戸時代の後期にお生まれになりました。この時代の宗教環境を一言で表現するとすれば、私は神仏習合が頂点に達した時代、と言えるのではないか、と思っています。従って、当時の人々にとって、神様と仏様は、「神・仏」として捉えるよりも、「神仏」として捉えられるのが、普通でありました。つまり、神仏一体です。教祖様も、その例外ではありませんでした。ご伝記の中に、神仏という表現が幾度も出てまいりますので、そのことが分かります。

しかも、もう一つ忘れてはならない視点は、教祖様は庶民の代表的な信仰体験であった、大峰山（修験道）、伊勢参宮（神道）、お四国巡り（仏教）の、すべてを体験されたということです。これは、当時といえども、誰でもが体験できたものとは思われません。さらに、興味深いことは、教祖様ご一家は、義父以来、三代にわたたって、伊勢神宮のお札配りの役を果たされた事実です。神仏を疎かにな されなかった証左は、この他にもたくさん認められますから、神仏習合の土壌の中で、信仰を続けられたことは、疑う余地がありません。こうした中での神仏分離、まさに驚天動地のこの事態に、教祖様の信仰はどのような影響を受けられたのでしょうか。

教祖様における神仏分離

わが国の歴史上、人々がかつて経験したことのない、神仏分離という思わぬ事態に遭遇したことが、教祖様のご信心にどのような影響を与えたのか、という問いかけは、実に興味深い大切なテーマではないか、と考えています。

教祖様が四十二歳を迎えられた正月には、男の大厄というので、元日早々、歳徳神を祀り、氏神に詣でられ、その後も鞆の祇園宮、吉備津宮、西大寺観音院にお参りされました。これは、まさに神仏を一体とみなす神仏習合の信仰、そのものと思われます。しかも、そのご信心ぶりは、常人以上の熱心さであり、実意を込めた参拝であった、というべきでしょう。このご事跡からうかがえることは、この時期の教祖様のご信心には、神様と仏様が同等に位置付けられていたことは、疑いのない事実でありましょう。そのことは、安政二年四月、九死一生の病である「のどけ」に罹られた時、「私は心実正、神仏へ身を任せた」と、そのおりの心境を、後に述べておられることによって、確かめられます。それでは、このような「神仏へ身任せ」の信心から、神中心の信心への大転換は、どうしてなされたのでありましょうか。すなわち、教祖様のいわば神仏信心が、神信心に変換されたこと、これを教祖様にとっての神仏分離と、私は捉えさせて頂くのです。

しかし、教祖様における神仏分離のご内容は、仏の否定から生じたものではなく、ましてや寺院や仏像を棄損する廃仏毀釈に繫がるものでないことは、申すまでもないことであります。教祖様のご信心は、最晩年まで神仏に対する隔てなきご信心であった、と思われます。このことは、心経（般若心経）や祓（六根清浄祓）、後には大祓詞を、亡くなられる二年前の明治十四年まで続けられ、ご神前にお線香をあげられることは、明治十六年七月までなされていたことが、佐藤範雄先生の記録で明らかです。この事実から判断いたしますと、大祓は神道、心経と線香は仏教、六根祓は両者の色合いを持ち、教祖様のご信心は、その最晩年まで仏教色を併せもつ、神仏習合、そのままのご内容であったように、受け取れるわけです。

しかし、果たしてそうでありましょうか。教祖様が心経、六根祓をあげ、線香をお供えされたことは事実ですが、それがそのまま神仏を中心としたご信仰のままであったからとは、到底思えないのです。その理由は、実にはっきりとしています。心経、六根祓、線香は、教祖様にとっては、いずれも仏にではなく、神様に捧げる「まこと」であったからです。教祖様の信心において、一番大切であったことは、この「まこと」であって、単なる「かたち」ではなかったことが、このご事跡から、気付かされるのです。

養父母や、お子たちの葬儀も、「かたち」は仏式であっても、神様にお届けし、神様のご指示を仰いだ上でのことであったことから判断しますと、やはり教祖様における神仏分離の事実は、疑いようもありません。

かように教祖様の信心は、神仏同体とも言うべき信心から、明らかに神中心の信心へと脱皮されていかれたわけです。「かたち」は残しながら、もはや別ものになっていかれたわけですから、脱皮としか言いようがありません。神仏分離令が、仏教を弾圧する廃仏毀釈に変わっていったのに対し、教祖様における神仏分離は、心の内で静かに進展し、字のごとく仏から離れていかれたように、思われます。

仏教を否定して、神信心の世界に向かわれたのではなく、包摂されたと言っておきましょうか。仏教に限らず、教祖様にとって、「釈迦もキリストも黒住も、みな神の氏子である」（理Ⅱ・佐藤範雄・四）というみ教えにより、神道でも他宗一般、その存在は否定されるものではなく、「みな神の氏子」という捉え方であったことが、はっきりと読み取れるわけです。天地金乃神様に包み込まれているという意味で、包摂という表現をあえてしたのです。何と広大なみ教えの世界ではありませんか。他宗一般と申しましたが、その中には当然のことながら、神道も含まれていたわけですが、このことは案外意識されていないように、思われます。日本の伝統的な宗教とされていた、いわゆる神社神道と、教祖様の信仰との違いは、なかなか判然としにくいものですが、私は神道も教祖様の信心に包摂されたもの、と考えています。

ご承知の通り、お道もかつては、教派神道十三派の一つとして位置付けられた時代がありましたから、なおさらその違いが不明瞭のまま受け取られてきたきらいがあったのは、止むを得ないことでした。しかし、教祖様のご事跡を丹念に辿らせて頂きますと、一本筋の通った、明確な違いが読み取れます。

維新前後、神職の資格を得ながらも、お祀りする神様は、記紀（古事記、日本書紀）に記載の神様との違いを、きっぱりと主張されています。また、もう一つ興味深い記録があります。「天地金乃神様とご同様に、物忌み、服喪、不浄、汚れを言わない。諸事について、そういう不浄や汚れを言わないように、氏子に伝えてもらいたい」（口語訳お知らせ事覚帳）という、天照皇大神の願いが伝えられていますす。教祖様が説く画期的な教えを、天照皇大神の氏子にも広めてもらいたいということですから、まことに目を疑うほど驚くべき内容です。天照皇大神と天地金乃神様の立場の逆転を示す、重大なお知らせ、と考えてよいでしょう。神道も、教祖様のご信心に包摂されている、と申し上げる所以です。

神仏包摂の宗教

教祖様の信仰される神様は、わが国古来よりの神様ではない、天地金乃神様です。従って、これを厳密に申しますと、伝統的な神道とも一線を画する、独自な神観念に基づいた新しい宗教であったことは、明らかです。

教祖様のご信心が、神仏一体のご内容から、次第に仏を離される教祖様における神仏分離の状況に進まれ、さらに伝統的な神からも、離れていかれたわけですから、以前、私はこれを、教祖様における神神分離と捉えていました。そのように表現するのが、その際適当ではないか、と考えていたからです。しかしながら、神神分離ですと、ある神から分離した神という感じが残るのも事実です。「天地金乃神は、昔からある神である。途中からできた神ではない」（天地は語る・三）のみ教えと矛盾します。そこで最近では、教祖様のご信心を、神仏包摂の宗教、と理解させて頂いています。

神仏包摂の宗教とは、教祖様のご信心は、仏からの分離に加え、神道の神々、さらには他宗教の神とも距離を置く立場を確立されたわけですから、これを正確に表現いたしますと、神・仏からの分離ということになります。このことは、「伊邪那岐、伊邪那美命も人間、天照大神も人間であり、その続きの天子様も人間であろう。天地金乃神は一段上の神、神たる中の神であろう」（理Ⅱ・市村光五郎・二）というみ教えによって、明らかであります。ところが、教祖様のご信心のご内容は、既成の宗教の神・仏からの分離に留まりません。天地金乃神を神たる中の神として、他宗の神との違いを明確にされながら、「天地金乃神は、神、仏をいとわない。神道の身の上も仏教の身の上も、区別なしに守ってやる」(天地は語る・一五)と、み教えされ、神・仏ともに包み込む姿勢を示されています。これすなわち、神仏包摂の宗教と考える理由であり、お道のご信心の最も尊いところ、と思わせて頂いています。

求心行動と遠心行動

平成二十五年(二〇一三)十月に、伊勢神宮では外宮、内宮の両宮で遷宮が行われました。遷宮といいますと、新しい宮(社)を造り替えることが注目されますが、最も大切なことは、実は、新しい社殿にご神体をお遷しするということなのです。このことは、遷御の儀が、遷宮のお祭りの中で何よりも重要視されていることにより、うかがい知ることができます。

皇大神宮の正宮は、このご神体、すなわち天照大神の鎮まります、お社そのものであることが理解できますが、教祖様のみ教えにある、「神が社に入っては、この世が闇になる」とは、矛盾することになります。私も常々、このことが気になっていました。しかし、最近では矛盾するものではないのでは、と考えるようになりました。

伊勢神宮は、この世界に一つしかありませんから、今、仮にこれを円の中心と考えますと、参宮とは、この中心に向けてのいわば求心行動であると考えてよいか、と思います。国内だけではなく、外国からの参宮客が来ていますから、まさに円の内外から、伊勢へ、伊勢へと集まって来るわけです。そして、社に鎮まります神様に参拝して、中心である社から神様のおかげを頂いて、もとのところへ帰って行くのですから、これは遠心行動と表現してもよいでしょう。神様に引き寄せられる求心行動と、神様の働きが遠くにまで伝えられる遠心行動によって、成り立っているのが、参宮の真の意味ではないか、と思います。

社におられた神様は、参拝を終えた人々とともに、それぞれの家庭に付き添って、お遷りになるのでは、と考えられないでしょうか。そうだとすれば、伊勢の神様のお働きは、社にとどまっているのではなく、この天地に満ち渡っていることになり、教祖様の言われる「神に会おうと思えば、にわの口を外へ出て見よ。空が神、下が神」(理Ⅲ・金光教祖御理解・一二)とも矛盾しないように、思えます。伊勢音頭にある「伊勢に行きたい、伊勢路が見たい、せめて一生に一度でも」の「伊勢に行きたい」と思わせるものが、まさに求心行動そのものでしょう。お道でいうところの、お引き寄せを頂くということではないか、と思います。行きたいと思うことが、すでに神様の引力の及ぶ範囲に入っているのだ、と考えてよいのではないでしょうか。

参宮は、まずこの神様の引力に引かれての行動であり、どこまでもその中心を求めていく行動でもあります。それは、ちょうどご霊地に向かう私どもの行動に共通する行為であるとも申せましょう。こう考えてまいりますと、信心とは目に見えぬ中心を求めていく行為、と言ってもよいのではありませんか。

一方、遠心力はどうかと考えてみますと、神様のおかげを頂いて、それぞれの地方へ帰って行くわけですから、これは中心から次第に遠ざかって行く行為であり、同時にどんな遠いところまでも、伝えられる力を持っているのです。それが遠心力というものです。神宮の神様のおかげは、かつては御師《おんし》により、日本の津々浦々にまで伝えられたことは、ご承知の通りです。今は、御師の手を借りずとも、参宮された人々によって、時には海外にまで伝えられることになりました。伊勢音頭が各地に伝えられ、形を変えても、今日、盛んに歌い継がれているのを思いますと、この遠心力の確かさを感じずにはおられません。

中心からどれだけ離れても、神の働きは、衰えることもなく、消えもしないものであり、またどんなに遠くから拝んだとしても、それは確実に神様のもとに届くのです。それが信心における求心、遠心の二つの力です。「神は昼夜も遠き近きも問わざるものぞ」(理Ⅲ・神訓・一・道教えの大綱)とは、そういうことでしょう。

神様の求心力と遠心力は、これを信心する者の立場から捉え直してみますと、求心力は、祈りと願いであり、遠心力はおかげと考えてよいか、と思います。今、仮に円の中心に神様がおられると想像して下さい。もちろん、お互いの目には見えません。見えませんが、そこに神が存在すると考えた場合、信心する者は、その中心に向かって、祈り願うわけです。どこまでも、その中心の存在と、その働きを信じて、内へ内へと向かって行くわけです。神を求めるということはそういうことです。ただひたすら、一途に中心（神）に向かう行動です。

これに対し、中心から円周に向けて発せられるのが神の働き、すなわちおかげです。そして、このおかげと祈りは、中心からどれだけ離れていても、届くものです。遠近を問いません。それは、水面に投げ入れられた小石が作る波紋に、例えることができましょう。石が水没した一瞬、水は中心に向かって引き込まれますが、次の瞬間、逆に外に向かって広がって、きれいな波紋を作ります。

信心することは、水に小石を投げるようなものと申しますと、少々、乱暴な考え方かもしれませんが、私は時々そんな思いにかられることがあります。一生懸命、石を投げ（祈り、願う）ますと、波紋（おかげ）はどこまでも広がっていくように思えるのです。み教えに、「神は向こう倍力の徳を授ける」（理Ⅲ・金光教祖御理解・一三）とありますが、神への求心力が強いほど、遠心力も強く働くと言えるのではないでしょうか。大きな石を投げれば、それだけ大きな波紋ができ、その広がりは、無限と考えてもよいか、と思います。神様のおかげは、それほどの働きを持ったものではないでしょうか。今一つ、このことにヒントを得て、思わせられることがあります。円の中心に教祖様がお出ましになられた、と考えてみて下さい。その結果は、やはり波紋が円周に向かって広がる如く、教祖様の信心と、その教えが広がっていったことが分かります。教祖様がお生まれになって、二百年の波紋の中に、生かされて生きている幸せを、感じずにはおれません。

明治維新に生きられた教祖様

教祖様は、この明治維新前後の激動の時代を、備中国大谷村で生涯を過ごされ、社会のあらゆるものの移り変わりを、つぶさに体験されたわけです。このことは、教祖様の生き方や、み教えにも大きな影響を与えたのではないか、と思われます。

教祖様のご生涯を、改めて確認させて頂きますと、何と明治元年九月、神様から「生神金光大神」のご神号が授けられています。さらに、ご神号を変えることに続いて、同日、もう一つの重要なお知らせがありました。「天下太平、諸国成就祈念、総氏子身上安全の幟染めて立て、日々祈念いたし」(金光大神御覚書)、というものでした。

私たちは、日々の生活を単に生きているのではなく、歴史の中で生かされているのであり、一見、何の変哲もない人生でありながら、そこには折り目、節目があるようです。このことは、各家庭や個人の歴史にも当てはまります。そこにも、節年があるのではないでしょうか。

教祖様のみ教えに、「草木でも節から芽が出て、枝葉を茂らせているであろう。しかし、節は固くて折れやすい。人間も同じこと。信心辛抱していけば、節年を境に年まさり代まさりの繁盛のおかげを受けることができる」（理Ⅱ・福嶋儀兵衛・九）とあります。節年から新しい芽が出て、枝葉を茂らせることになるか、自らの信心が凝り固まり、頑なになって、ややともすれば家族、一族に伝わらず、途絶えてしまうようなことになりはせぬか、お互いの信心が問われていると申したのは、そのようなことです。

節年は、そのご信縁を改めて自分自身の信心に頂き直す絶好の機会である、と思います。節年を境に、教会をあげて、信徒の家族一同、新しい信心の芽を育てていきたいものです。『命のバトンは信心から』のタイトルも、そのような願いの中から生まれたものです。

六、命のバトンは信心から

亡き人の誕生日を祝う

親孝行と申しますと、色々なことが考えられますが、私自身は最近になって気付かされ、実行するようにしていることがあります。それは、亡き人々の命日に、ご神前にお供え物をしたり、祈ったり、お墓参りをさせてもらうだけでなく、その方の誕生日にも、そのような気持ちで取り組ませてもらうようにすることです。

亡くなった両親の命日に、お墓参りをしたり、ご神前にお供え物をしたりするのは、ごく普通に行われることで、このこと自体、親孝行の一つの形態と見てよいか、と思います。

ところで、命日とは命の尽きられた日でありますから、遺族としては忘れようもない重要な日であり、それが親の命日であれば、なおさらのことです。子どもとしては、この日を忘れず、生前のお礼を申し、偲ばせて頂き、御霊のお道立てを祈らせて頂くという、特別の日であるわけです。従って、この日に何らかの行事を行うことは、孝行の孝行たる所以のもの、と考えられます。

平成十九、二十年（二〇〇七、二〇〇八）に相次いで両親を見送り、旬日祭、一年祭、三年祭とお仕えしながら、私自身、もう一つ何か足らざるものを感じていたのですが、それが何かはっきりしません。そんなおり、自分の誕生日が来た時のことであったかと思いますが、「ああ、もう親からお祝いの言葉がもらえなくなったんだなあ」と、ふと思ったわけです。

私の母は、子どもや嫁、孫などの身内はもちろんのこと、親戚や知人の誕生日を実によく覚えていて、ちょっとした物を贈り、その日にお祝いの電話をしていましたから、私も六十歳を過ぎるまで、当然のように祝ってもらっていたのです。もちろん、両親の誕生日には、そのお返しといっては何ですが、われわれ夫婦も贈り物に添えて言葉をかけるのが常になっていました。そんなことを思い出している時に、はっと気付かされたのが、お祝いの言葉は、もうもらえないけれど、亡くなった両親の誕生日をお祝いすることは、これからもできる、お礼はできる、ということでありました。

何か足らざるものが、ハッキリとしたものになってきたのは、このことだったのです。以来、両親の命日と誕生日を、お礼の日と決めて、何がしかのお供えをさせて頂いている次第です。すでに亡くなった人の誕生日にまで、と思われる方もありましょうが、それこそが、大切であることに気付かせてもらったのです。

金光教伊勢教会開教七十年記念『あしあと』に、「血縁と信縁」と題して、叔父高阪松太郎先生の記事があります。その一部を引用させて頂きます。

母の亡兄の三十年祭に参拝した。母の里は、滋賀県の八日市教会であり、兄はその二代教会長であった。…このたびの年祭に詣で、霊舎の前に掲げられた写真で、祖父と叔父とに初めて対面をとげたわけである。…深いなつかしさを覚えたのである。…この感情は、墓地に詣でた時、いっそう強まった。二人とも、生きて接したことのない方であるのだが、墓前にぬかづくと、なぜか、しみじみとした、なつかしさ、したしさの情が、湧いてきた。…よきにつけ、あしきにつけ、いろいろなものが、先祖から自分の中に流れこんでおり、…子孫に流れていくのである。…そのようなものとして、自分の運命を愛し、運命を生かし、血のつながりの中に、わが道の信心を頂き、すべてをおかげにさせて頂きたいのである。

この記事は、私の母、信子が残した、お道関係の書物を整理している中で、読ませて頂いたのですが、今は亡き血のつながりを偲ぶ、私どもの感情を、実に的確に表現されていますので、正直、身の震える思いがしました。そして、大切なことは、このお話が、単に血のつながりだけに終わらず、わが道の信心との関係を押さえておられることです。ここのところを忘れずに、これからも頂いてまいりたい、と思っています。このようなことで、命と信心を伝えて頂いた方々の、命の初めである誕生日をお祝いし、お礼を申したい、と気付かされたのです。まさに、『命のバトンは信心から』です。

すでに亡くなられた方の命の始まりである誕生日をお祝いし、お礼申すことは、命の尽きられたご命日よりも、あるいは大切ではなかろうか、と思えるのです。その方々が生まれられて、初めて私どもお互いの命も、この世に生まれることになったからです。父母、あるいは祖父母の誕生日があっての自分自身の誕生日もあるわけですから、この際、何が大切かは、自ずから理解して頂ける、と思います。

命のバトンは、こうして繰り返され、今、私ども一人ひとりの体に伝えられていますから、血縁を意味しています。従って、命のバトンは、血のバトンと考えてもよいわけです。もっと今風に言えば、DNAのバトンです。「よきにつけ、あしきにつけ、色々なものが、先祖から自分の中に流れこんでおり」と、高阪松太郎先生が言われるのが、それに当たるのではないでしょうか。

お互いの体に伝えられてきたDNAは、遺伝学的にも、生物学的にも、自ら変えることはできませんから、その意味では、良きものと悪しきものとが混然一体となって、ご先祖からバトンタッチされて、お互いの体に伝えられてきていることを、認めないわけにはまいりません。

ところが、私が考えています命のバトンの命は、この遺伝的、生物的なものばかりを指していません。もっと根源的と申しますか、内面的と表現するのがよいのかもしれませんが、血のつながりを越えた、精神性にこそ、命の真の意味があるように思えるのです。これは、魂と呼んだ方がよいのかもしれません。このように考えてまいりますと、命のバトンは、魂のバトンと置き換えることができそうです。そこに、信仰の世界が展開される可能性が生まれてくる、と思います。この魂のバトンこそ、信仰によってもたらされる最高の贈り物ではないでしょうか。

命には、遺伝的、生物的な意味があるのは当然ですが、それだけではないように、思えるのです。命は、祖先から私たちにバトンされてきた、血であり、骨であり、皮膚そのものですが、祖先から伝えられてきたものは、実はそれだけではないのです。魂と呼べばよいのでしょうか、あるいは心と考えてもよいでしょう。血や肉、すなわち身体は、目で見ることができますし、触れることもできますが、この魂や心は見ることができません。しかし、この見ることも触れることもできないものも、また各自の先祖から受け継いでいるのです。それが、教祖様の言われる「おかげ」であり、あるいは「めぐり」であるか、と思います。「ご信心しておくがよい。ご信心してあなたがおかげを受けると、あなただけではない、…あなたがご信心して、おかげを受けてくれるからと、安心してお浮かびなさる。あなたの受けたおかげは、いつまでも離れずについてゆくものじゃから、できるだけこの世でご信心して、おかげのもとを作っておくがよい」（理Ⅲ・尋求教語録・八七）とありますが、おかげも、めぐりも、バトンタッチされるようです。

おかげも、めぐりも、目に見えるものと、見えぬもの、気付いているものと、気付かぬものがあるようですが、それらが混然一体となって、わが命に流れ込んでいます。それが、私どもが生きているという現実でありましょう。目に見えぬ心や、魂の営みを、信心と考えれば、命ばかりか、それもまたご先祖から受け継ぎ、子孫に伝えることができる、尊いバトンではないでしょうか。

教祖様ご生誕の意義

「神は平等におかげを授けるが、受け物が悪ければおかげが漏るぞ」(理Ⅲ・金光教祖御理解・二三)と、み教え下さっていますが、まさにその通り、押し寄せる波紋(み教え)に気付かず、安閑として世間の波紋を漂っているような生き方をしていますと、おかげの取りこぼしの信心に終わるのではないでしょうか。

私は常々、没後の霊祭以上に誕生こそ、一層、大切ではなかろうか、とあらゆる機会に述べています。社会に功を成した人物の没後何年というのも、なるほど意味のあることには違いがありません。しかし、それでもなお、その方がお生まれになったことに、一入の有り難さを感じるのです。

平成二十六年(二〇一四)は、教祖様がお生まれになって二百年というお年柄で、ご本部を始め各地で祝賀の行事が繰り広げられ、各教会の祭詞にもそのご内容が込められ、奏上されたことは皆さんご承知の通りです。亡くなられた年月とともに、いやそれ以上にお生まれになった年月こそ大切な意味を持つのでは、と常平生から考えております小生にとって、その意を強くした一年でした。

このことをお道の信心で申せば、教祖様のご誕生あっての金光教でありまして、そう表現する以外の何物でもないのではありませんか。そうであるならば、お道は教祖様が亡くなられてから生まれたものではなく、お生まれになったことがあってのお道であることが、容易に理解できるのです。教祖様のご誕生と、お一人から始まったお道の信心が、今日、私どもに伝えられていることは、まことに有り難いことである、と言わねばなりません。神前拝詞に、「神縁まことに不思議にして　今この道に出で会うを得たり」とありますように、不思議にして、かつ尊い極みではなかろうか、と常々心の内でお礼申しているようなことです。

たったお一人のご信心が、この二百年の間に、どれほどの人々に受け継がれたのでしょうか。数百万人というような単位ではないでしょう。それより遥かに多い人々の助かりに繋がったはずです。そうしますと、教祖様のご誕生が、ますます意義深いものに思われてなりません。われわれ信奉者にとって、亡くなられた年月以上に、大切な日である、と考える所以であります。

キリスト教や、仏教においても、イエスや、釈迦の生誕が祝いの日として信奉者に強く意識され、盛大な行事があることは、ご承知の通りです。しかしながら、このお二人のお生まれの年月には、研究者の間でも様々な説があり、正確に申しますと、よく分からないというのが、実情であります。これは、何も両教を批判するために申しているのではありません。そうではなく、ここで大切なことは、生誕、逝去がともに、信徒の大事として位置付けられていることです。誕生日が不確かだから、価値が薄れるというような、安直なことではないはずです。

イエスや釈迦の生誕劇には、いずれも神秘的な奇瑞が伴っているのに対し、わが教祖様には、そのようなものが伝えられていません。生誕自体が奇跡のような壮大なドラマもないのです。そこが有り難いことなのではありませんか。長い歴史を経るに従い、様々な伝説が付加され、歴史上の人物（史的イエス）から、次第に宗教的な存在（聖者）としての色彩が、強調されるようになった、先の両教との際立った違いと見てよいのではないですか。「凡夫」と書き残された教祖様の平凡な誕生、有り難し。

信心の授受

信心は、目に見えぬ心や魂の営みで、それさえも各自の先祖から受け継いでいる、と最近思うようになりました。私どもは、命とともに信心を受け継いでいるのです。こう申しますと、初めて信心をされるようになられた方、ご自身が信心の初代の方には、どう説明するのか、先祖の信心を受け継いでいないではないか、そう指摘されそうです。この疑問に対して、少し紹介したいことがあります。

先日、大阪の教会を会場に、輔教研修会が開かれ、私も受講させて頂きました。班別懇談会のおりに、お互いの信心が何代目かがテーマの一つになっていましたが、私の班では、七人中三人が信心の初代でした。他の班のことは分かりませんが、この数字には正直驚きました。金光教大津教会の初代の先生から数えますと、五代目の信心を受け継ぐ立場にある私にとって、信心の初代の方が、結構多くおられることに、新鮮な感動と興味を覚えたわけです。

三人に共通する入信のきっかけは、結婚でした。結婚相手が金光教の信心をされていたのです。三人とも、それまではほとんど信仰には無縁であったそうです。そのうちのお一人は、むしろ信仰に批判的で、妻たちは変な宗教に騙されているのではないか、とさえ思われていたそうですが、「教会へ行き、話を聞く機会が増えるごとに、『ええ話をしはるなあ』と、だんだん信心するようになりました」と、報告されました。ここで大切なことは、この方ご本人は親先祖のご信心を受け継いではおられないのですが、妻あるいは夫の親先祖の信心を受け継いでおられるという事実です。かようなバトンのあり方もあるということでしょう。血は繋がっていなくても、信心は繋がるという証であります。

結婚が契機となって信心するようになったというケースは、意外に多いようですし、また人に勧められて教会にお参りするようになった、という例もあります。両者に共通することは、信心を親から受け継いでいないということです。DNAとしての命は、確かに受け継いでいても、信心を受け継いでいない例が、今日、増加しています。信心は、血縁とはまた別のサイクルで、継承されることも多いのです。

夫や妻、あるいはその両親の信心を、受け継ぐということは、有り難いことでありますが、大変なことでもあります。信心のバトンは、渡す側も、受ける側も、相当の努力が必要です。いきなり、バトンタッチはできません。「主人のお母さんが、熱心なご信者で、何事も教会にお届けし、神様を中心にする生活に、初めは戸惑ったり、時には反発することも正直ありましたが、他家から嫁いだ私のことを、いつも気遣って下さり、祈って下さっていることに気付かされ、私もだんだん教会に足を向けるようになり、今では教会のご用にお使い頂くようになり、日々、有り難い気持ちで暮らしています」と、あるご婦人のお話ですが、この短い言葉の中に、信心というバトンの受け渡しの大切なところが含まれているように思います。

あいよかけよの関係

平成二十三年（二〇一一）は、『絆』という文字が注目されました。この字は、糸偏に半という字でできていますので、私は講演会などで、「この字は、大きな綱を半分ずつ持ち合った状態を表していると考えると、分かりやすいですね」と、解説しています。ただここで見逃してはならないことは、一個の荷物を半分に切り分けて、別々に持つわけではありません。荷物は、あくまでも繋がった一個のもので、それを二人で持つわけです。ですから、お道で言う、「あいよかけよ」の状態に例えることができるのでは、と考えたわけです。さらに、ちょっと乱暴な意見かもしれませんが、「あいよかけよ」を、一文字で書けば、この字になるのでは、と申しています。信心のバトンは、送り手と受け手の「絆」が生まれた時、すなわち、「あいよかけよ」の関係が成り立つ時、ごく自然に受け渡されていくのではないでしょうか。このように、絆という字の最も大切なところは、この繋がっていることにあります。糸偏は、それを表しています。「結ぶ、編む」など、糸に関係する文字は、他にもたくさんあって、いずれも繋がるという意味を含んでいる場合が多いのです。関係の係も、その例でしょう。

「氏子あっての神、神あっての氏子、あいよかけよで立ち行く」というみ教えは、様々な解釈ができるように思いますが、氏子と神、神と氏子の繋がりを、端的に表現されたものと、感じます。私流の理解では、これを「〇〇あっての関係」、略して「あっての関係」と、人には話しています。「あいよかけよ」とは、そのような関係を表わした言葉ではないでしょうか。

人も物も、この地球上のすべては、このあっての関係の中で存在し、活動が成り立っているのですから、そこを教祖様は、「立ち行く」とお示し下さっています。

天あっての地、地あっての天。親あっての子、子あっての親。あっての関係の中、繋がり合ってこそ、立ち行くことができるのです。

そういえば、「縁」という字も糸偏ですね。神前拝詞にある「神縁まことに不思議にして今この道に出で会うを得たり」という神様とのご縁、このご縁あっての今日のお互いであることを考えますと、神様との絆、神様との繋がりの有り難いことを、思わずにはおられません。そしてまた、ご信縁で繋がるお互いに、お礼申さずにはおれません。

私どもは、ともどもにご神縁を頂き、その上にまたご信縁を頂く仲間でもあります。まことに、不思議な関係と言わざるを得ません。どうして、この道の信心をさせてもらうことになったのかと考えますと、人それぞれ様々な契機があり、その答えは一様ではない、と思います。

信仰履歴

人間は、どこから生まれ、どのように生き、どこへ行くのかは、人類永遠の課題と言われています。山本定次郎さんが、教祖様のもとへ初参拝されたおり、「人間は、どうして生まれ、どうして生きているかということを知らねばなりませんなあ」（理Ⅱ・山本定次郎・二）と、教祖様に話しかけられ、何を言おうとされるのだろうかと思った、と伝えられています。山本定次郎さんは、その時の天地のお恵みについてのみ教えが、胸に突き刺さり、大変、感激した、とも書いておられます。教祖様以来、時空を超えて貫かれ、バトンされてまいりました道の教えを、改めて信仰履歴の中で、再吟味させて頂かねばと思う、今月今日です。

著名な歴史上の人物だけが、歴史上の存在ではなく、われわれ一人ひとりが、現代の今月今日、存在している、という事実こそが、歴史なのです。歴史には、人類の歴史、国の歴史、地方の歴史、家の歴史など、様々に分類されますが、最近注目されているのが、自分史です。自分自身の歴史ということです。個人個人の人生の歩みと申してもよろしいでしょうか。当然のことながら、自分史を明らかにするためには、一番身近で、関係の深い、家族の歴史を明らかにすることが不可欠です。自分史は、自分だけでは成り立たず、家族を始め自分を取り巻く人々や、社会の動きとも密接な関係の中で、形成されるものでしょう。自分の歩いてきた道を辿ることが、自分史の目的であるとするならば、それは同時に、家族史を究めることでもあるのです。

教祖様は、明治七年(一八七四)に、「今般、天地金乃神様お知らせ。生神金光大神、生まれ所、なにか(あれこれと)古いこと、前後とも書きだし、と仰せつけられ候」(金光大神御覚書、以下『覚書』と略す)とのお知らせを頂かれ、このお知らせによって、書き始められたのが、『覚書』です。『覚書』は、教祖様における自分史と位置付けられるべきものではありませんか。釈迦も、イエスも、自ら筆を執った自分史を書き残していません。教祖様の事績や教えが、本人の筆によって書き残され、今日に伝えられていることの意義を、改めて感じざるを得ません。

教祖様の自分史『覚書』は、その少し前から書きとめられていた『覚帳』をもとに、さらに詳しく著述されています。そこには神様のお知らせや、ご自身の信仰体験が綴られていますから、信仰履歴の書と申してもよいか、と思います。

私ども信奉者にとっての自分史とは、この信仰の履歴を明らめることではないでしょうか。ご信心を頂くわれわれにとっても、自分史を記録する場合、その中核に自身の信仰履歴を据えなければなりません。私の場合は、物心ついた時にはお道の信心の中に、お育てを頂いていたわけですから、自分史と信仰履歴は同時に始まった、といえます。

しかし、ここで大切なことは、これは自覚的に始まった歴史ではなく、たまたまそのような環境の中に生を受けたというのが、正直な理由でありましょう。私の自分史の前には、皆さんと同様、悠久の過去の歴史があり、それが連続して今日の自分に繋がっているわけです。それはまさに、命のバトンと表現するのが適当か、と思います。命のバトンとともに大切なのが、信心のバトンであります。

信心のバトンがあればこそ、命のバトンの持つ意味や尊さが、より自覚されるのではないでしょうか。

私の場合、金光教大津教会の初代、高阪松之助師のご信心に繋がり、ちょうど五代目に当たります。改めてその意味を自分なりに考えてみます時、初代と命が繋がるだけでなく、信心が繋がっていることの有り難さが、日を追って確かなものと感じられ、自身の信仰履歴のもとのところに、伝えに伝えて下さった、それぞれの方の信心の履歴があってのことと思わされ、お礼申さずにはおれないのです。

信心のバトンを渡して下さった方あってのお互いでありますことを、改めて確認したいものです。信心を伝えて下さった方々の信心のありよう、教導の内容が齢を重ねるにつれ、鮮明に思い出されるのです。信心のバトンが、私自身に確実に手渡された日のことが、そのおりの情景とともに、浮かんでくるのです。このことは、私ばかりではなく、皆さんもご同様の思いを持たれているのではありませんか。

あの時、父や母がこう言ったとか、教会の先生にこのようにお取次ぎし、このようにみ教えを頂いたとか。教祖様のみ教えに、「信心すれば、目に見えるおかげより目に見えぬおかげが多い。知ったおかげより知らぬおかげが多いぞ。後で考えて、あれもおかげであった、これもおかげであったということがわかるようになる。そうなれば本当の信者じゃ」（理Ⅲ・金光教祖御理解・五三）があります。自己の信仰履歴を確認するというのは、別の表現をしますならば、おかげの履歴を確認するということではないか、と思うのです。私どもは、ともすれば目先のおかげに汲々とするあまり、おかげを頂いてきた自身の履歴に思いをいたすことが、ともすれば薄いようです。

「母ちゃんは、あんたたちに何にも残してやれん。ただ信心だけは、残してやりたい」と、私たち三人兄弟に、病弱で、勤めに出ることもできない母が、時に真剣な面持ちで話したことを忘れることはできません。家事、育児が思うようにできない健康状態にあった母が、すがるべきは神様、信心のバトンだけは渡したい、との一念から発せられた言葉であったということが、自身の信仰履歴を振り返る今、私たちにとってかけがえのない、おかげの中のおかげであったのだ、と受け取らせて頂いています。終生、ご神前で長時間ご祈念していた母の後ろ姿を思い出してみますと、伝えたき、受け継ぐべきことの多くが、はっきりと浮かんでくるように思われます。

み教えにある通り、「信心しておかげを受ける」というのが本筋でありましょうが、おかげを受けてこその信心であることも、また言えるのではありませんか。様々な難儀から救われる、という事実（おかげ）があって、信心が始まるというのが、大方のケースでしょう。また一方では、おかげをおかげとして受けとめるには、信心が大切だということでもあります。み教えに、「信心はせんでもおかげはやってある」（理Ⅲ・金光教祖御理解・七）とあります。殊更に神仏を信じていなくても、すでにおかげの中に生かされている、ということでありますから、信心するかしないかは別問題です。しかし、信心しませんと、おかげに気付くのは難しいでしょう。「お供え物とおかげは、つきものではないぞ」（理Ⅲ・金光教祖御理解・三三）というみ教えがありますが、私は常々、信心とおかげはつきものであると、信じています。これは裏を返せば、おかげを頂く信心をさせて頂くということでもあります。『命のバトンは信心から』の信心は、そのような信心であり、そのバトンを次世代に渡していきたい、と願っています。

七、学校広前

関西金光学園の学校広前建築の経緯と目的

私は、平成二十四年（二〇一二）一月一日付で、関西金光学園の理事長、金光教玉水教会の湯川彌壽善先生より、新たな辞令を頂き、関西金光学園本部宗務課主幹を拝命しました。宗務課とは、学校法人関西金光学園の所属校、関西福祉大学、金光藤蔭高等学校、金光大阪中学校・高等学校、金光八尾中学校・高等学校の宗教教育全般にわたって、企画、立案、指導に当たるもので、私が初代主幹にならせて頂いたわけです。その業務内容は、まことに多岐にわたるものです。今まで、どなたもやったことがないものですから、何をするかということを企画、立案することが、最初に与えられた一番大事な任務でしたから、私が歩いた後に、宗務課の仕事の筋道が現れてくるという次第で、有り難いようでいて、実に責任の大きなご用です。

数々のご用の中で、学校広前の建設ということについてご紹介したいと思います。学校広前とは、聞きなれない言葉ですが、文字通り、学校に設置された広前です。教会広前、家庭広前に習って名付けたものです。平成二十四年（二〇一二）四月、金光大阪校に、九月には金光藤蔭校に、それぞれご神殿とお広前が立派に竣工し、平成二十五年は金光八尾高校のお広前が竣工しました。その建築の指導、監督が、私に課せられた主なご用でした。

金光大阪校のお広前は、ほぼご本部の会堂の形式に習っていますから、神殿と霊殿が並ぶ、二社形式ですから、たいていの教会の雰囲気と別段変わるところはありません。これに対し、金光藤蔭校の方は、耐震工事に伴う改築という事情により、霊殿を設けるスペースがどうしても確保できず、神様と御霊様を一体にお祀りする、いわゆる一社祀りの形式にしました。

金光大阪校のお広前のことですが、金光教全国信徒会の会合が関東で開かれたおり、私も関西福祉大学の広報と、募集のお願いで、参加させて頂きました。せっかくの機会だと思い、持参していました学校広前の写真を、皆さんにお見せしましたところ、大変な反響でした。お道の学校に、お広前ができたことに対し、素直に喜ばれ、これからの教育に期待と、励ましの言葉を頂いたことは、私にとっても忘れることができない体験でした。同時に、責任の重大さも感じさせられたことでした。

「このお広前には、私たち信奉者もお参りできますか」という質問が、その席で発せられ、思わず「どうぞお参り下さい」と、答えてしまいました。学校側も、まあ反対はされないだろうと、一瞬の判断で答えたというのが、正直な状況でした。双方のご信心に対する、熱い思いから生まれた質問と答えであった、と今もそのように思っています。「皆さんが新幹線に乗られたら、金光大阪の校名のプレートが見えてきますが、金光という文字のすぐ下が、お広前のある教室ですから、そこに向かって手を合わせ、生徒の活躍と、学園の発展をお願いして下さい」と、申しました。

「学校広前は、一体どのようなもので、どう運用されているのですか」と、よく聞かれます。後日、大阪の先生方の集まりである、大阪府連盟の総会で、講演のご用を頂きましたが、是非、そのことに触れて欲しいとのご依頼でした。学校広前に対する関心が大きいことを、改めて実感しました。

校舎の中にお広前があることは、教祖様のみ教えに基づく建学精神によって設立された、宗教系の学校としては、極めて当然の施設であって、むしろ今までなかったのが、不思議という考え方も成り立つわけで、そういうご意見を、わざわざ言って下さる方も、最近、しばしばあり、まことに有り難いこと、と思わせてもらっています。

キリスト教には、教会《チャーチ》の他に、礼拝堂《チャペル》と呼ばれる施設があることを、ご存じの方も多いと思いますが、学校や病院に付属する小規模な礼拝を目的とした施設ですから、教会と社会の中間に位置している施設、と言われています。従って教会よりも、より開かれた機能が期待されており、誰でもが利用することができるようになっています。学校広前も、このチャペルに近いものと考えて頂くと、理解して頂き易いのでは、と思います。しかし、まったく同じというわけではありません。広前には、宗教担当の先生方が詰め、参拝に寄り添っていますから、この点は逆にまったく異なる機能を持った施設というわけです。

施設としての学校広前は、本部広前の形式を可能な限り取っていますが、教会ではありません。学校広前は、教団とお道の学校の歴史に、かつてなかった施設で、あくまでも教育施設です。その意味では、音楽室や理科室などの、特別教室と何ら変わらない、生徒にとっての教育現場、そのものです。ただ、それらの施設と決定的に異なる性格を持っているのも事実です。それは、宗教性を備えているということです。すなわち、学校広前は、教育的要素と宗教的要素を併せ持つ、今までにない施設という捉え方が、一番、適当ではないでしょうか。

参拝する生徒たち

広前開設以来、多くの生徒たちが参拝していますが、その多くが他宗の生徒か、未信奉者です。この点が、教会と大きく違うところです。生徒のほとんどは、神様の存在や、信仰の何たるかを知りません。何らかの願いを持って来るのは確かですが、それも曖昧な場合も多いのです。お参りした後、「スッキリした」とか、「心が落ち着く」などの感想を吐露することからすれば、精神修養の道場のような受け取り方で、やって来るようにも思えます。正直なところ、担当の宗教科の先生方も、すべてを捉えきれていないのが現状です。しかし、そこに教会にはない可能性を感じているのも事実です。

金光大阪校では、平成二十四年（二〇一二）九月以来、夏に亡くなったクラスメイトの四十九日や、月命日に、多くの級友が参拝することがありました。霊殿に、御霊をお祀りしていることを知ると、この動きは他のクラスにも及びました。この事実を知られたご両親が、広前に参拝され、深い喜びと感謝の気持ちを表されました。神様のお徳の中で生まれた学校広前であることを、思わずにはおられません。

この話から分かってきたことがあります。それは、生徒たちの大半は、御霊さんにお参りすることを通じて、神様にもお参りすることができるようになるのでは、ということです。なぜならば、最初から神様にお参りする生徒は、少ないように思われるからです。姿形もない神様を拝むというのは、今日の社会では、大人でも困難であり、ある種の抵抗感があるのも事実です。これに対し、御霊さんはそうではありません。姿形がないという点は、神様と同じですが、御霊さんとは、生前の交流の事実があります。目をつむれば、姿形が現れ、声までも聞こえてきます。生徒たちは、霊殿に向かえば、そこに祀られている友の御霊に会える、と考えているようですし、またそう思いたいと願って、広前に足を向けることができているようです。祖母を亡くした生徒が、「ここでお参りしても、お婆ちゃんに届きますか」と、言って参拝した例もありますが、神様に近付くためには、やはり御霊さんの導きが重要な意味を持ってくるように思えます。

奈良の薬師寺の管長であられた高田好胤さんが、「仏さんは近くのご先祖、神さんは遠くのご先祖」と、表現されましたが、仏と神とご先祖の関係を、実に端的に言い表されたものだ、さすが好胤さん、と感心しました。やがて御霊も神になるということでしょう。

御霊に向ける祈りが、やがて神様に向かう日がやってきます。御霊への祈りや願いが、生徒たちの宗教心を育て、いつしか神様への祈りや願いになっていくようです。学校広前に、ご霊殿が不可欠な所以です。「親先祖を大切にせよ」とのみ教えが、未信奉者の生徒たちの心に響いている、そのように思える、今月今日です。

宗教の授業が育むもの

学校広前では、日々様々な生徒の動きがあります。未信奉者や他宗の生徒が参拝することを、どう理解したらよいのか。確かなことは、三年間にわたる宗教の授業が、生徒たちの心に大きな影響を与えている証しであるということです。宗教の授業があっての広前なのです。宗教の授業で芽生えた何かが、生徒を広前に導いているように、思えます。それは、神様のお導きということになるのでしょうが、別の表現をしますと、子どもたちに生まれた宗教心の働きの結果ではないか、と考えてよいのではありませんか。

生徒たちの宗教心について考えさせられる、興味ある話を紹介しましょう。平成二十四年（二〇一二）六月、金光八尾高校の体育祭の日にあったことですが、閉会挨拶の中で、前年の年末に交通事故で急逝された先生の椅子が、生徒の手によって、体育祭の会場に用意されていた、ということが紹介されました。その場所は、体育祭のおりの、先生の指定席だったそうです。生徒の宗教心から出た、まことの行為、と思わずにはおられません。その場に居合わせた多くの人に、感動を与えました。

これと似た話が金光藤蔭高校にもあります。昨秋の学校行事の休憩時間のおり、一人の男子生徒が新任の学校長に、「先生は、今年来られたのでご存じないと思いますが、去年、僕たちは、クラスメイトを交通事故で亡くしました。ちょうど、一年経ちます。何かしてやりたいな、と思っていましたが、先日、前の理事長、近藤武野先生のお葬式の日、学校全体で黙とうをしました」と、遠慮がちに亡き友の御霊に、何かしてもらえたらという生徒の思いを汲んで、ただちに黙とうの機会を設けたことは、言うまでもありません。宗教の授業を通じて心が育っていることを、実感します。関西金光学園の所属校では、一週に一時間、三ヵ年にわたり、宗教の授業があり、生徒の宗教心が育っています。

念願でありました、金光八尾中学・高等学校にもお広前が完成しました。報告祭が、平成二十五年（二〇一三）六月十日に仕えられました。まことに、立派なお広前になりました。これで所属校三校に、そろって学校広前が設置されたわけであり、学園関係者の喜びはもとよりのことですが、教内外からお祝いや、励ましのお言葉を頂きました。

竣工奉告祭には、小生も学園本部の宗務課の主幹として、ご挨拶を申し上げたわけですが、その挨拶の中で、私としてどうしても触れておきたいことがありました。「昨年の四月に金光大阪校、九月に金光藤蔭校、そしてこの度の金光八尾校と、教会そのものと申してよいほどの広前が設けられたのは、学園関係者、とりわけ教内関係者の長年にわたる願いがあってのことであり、その願いと祈りが結実したものが、すなわち昭和四十一年、創立四十周年の際、当時、浪花女子高校が新築になった講堂に、立派なお扉を持つご神前が備えられたことです。

このご神前なくして、今日のお広前はあり得ない、そのことを申しました。金光教難波教会三代教会長、近藤守道先生と、学校長、菅原幸一先生の熱き祈りと、ご英断の賜物と申すべきでしょう。今は御霊となっておられる、多くの先師のお祈り添えのおかげの中、今日あるを、ともに喜ばして頂きたい」と、ご挨拶いたしました。

学校広前に参拝する生徒に関して、興味深い話と申しますか、お道の信心のあり方にとって、随分、考えさせられることがあります。学校広前には、宗教の授業を担当して頂いている教会の先生方が、主に昼休みと、放課後、詰めて下さっており、三校ともだいたい同じような指導をしてもらっています。

生徒たちは、入室して来ますと、お礼、お詫び、お願いに関する項目に、それぞれの思いを記入してもらいます。その後、教師は生徒と一緒にご神前に向かって拝礼します。初めての生徒に対しては、そこで参拝の心得や、参拝の所作を指導するわけです。教会ですと、先生はお結界におられますが、学校広前は、そうではありません。部屋の後ろの方に机を置き、そこで生徒たちを迎え、相談事や願いを聞く方式を取っています。学校広前では、生徒の横に教師が座り、ともに祈念をするところに特徴があり、大きな効果があるようです。もちろん、日参している生徒は、その限りではありません。一人で来て、一人で参拝して帰って行きます。

さて、興味深い話と言いますのは、生徒がお広前にやって来たおりに生じます。玄関を入って来た生徒たちは、一様に宗教の先生が在室しているか、チラッと確認します。先生がいてもいなくても、参拝をして帰る生徒もいますが、おられませんと物足りないといいますか、がっかりした表情で、踵を返して帰ってしまうことがあります。たまたま、宗教科以外の教師がいても、この傾向は変わらないようです。

つまり、彼らは神様にお参りに来る前に、まず普段教えてもらっている宗教科の先生を目当てに、参拝して来るようです。従って、広前担当の先生方は、何をおいても広前を不在にしない、と大変な努力をして下さっています。

宗教の授業に対する生徒、父兄の反応

すべての教育課程を、公立学校で過ごされた方にとって、時間割表に宗教の時間があれば、大抵は戸惑い、驚くでしょう。事実、入学最初の授業では、生徒たちには、興味と不安の入り混じった複雑な表情が見られます。国語や数学の授業とは、明らかに違った反応を示します。

私が実際に体験したことですが、ある教室に入ろうとする私に、入口に近い生徒が、私の顔をまじまじと見つめ、怪訝《けげん》な顔をして、「先生、うちのクラス、次は宗教ですが」と言いますので、「そうですよ。宗教ですよ」と、答えました。質問の真意が分からぬまま授業を終え、教室の出がけに、先ほどの生徒に、「どうして、『宗教ですが』と聞いたのか」と、尋ねたところ、答えを聞いて驚きました。「だって先生は、髪の毛があるでしょ。宗教だから、頭を剃った先生が来ると想像していたので、先生はきっと教室を間違えた、と思ったんです」。周りにいた生徒と一緒に、私は大爆笑をしたことでした。

宗教といえば、仏教と思い込んでいたのでしょうが、このような捉え方は、何も件《くだん》の生徒ばかりではありません。入学前の説明会のおり、ある保護者から、「宗教の時間があるとのことですが、どんな授業をされるのでしょうか。何か用意しておくものがありますか。例えば数珠か何か」と、質問をされました。無理もないです。ほとんどの生徒が、義務教育では、受けたことがない授業です。しかも、宗教という教科があることを聞けば、驚くのは生徒ばかりではありません。保護者もしかりです。まだまだあります。「うちは、金光教ではないのですが、受験はできますか。合否に関係しますか」、「特別な寄付制度はありますか」、「信者にならなければいけないですか」など、実に多彩です。宗教に対する漠然としたイメージがもたらす、素朴な疑問である場合が多いのです。その都度、丁寧に対応したことは、言うまでもありません。宗教の授業だけでなく、宗教そのものについて、ご理解を頂くチャンスでもあるからです。

教科としての宗教の授業

ここでいう宗教教育が、学校における宗教教育を指していることは、言うまでもありません。それは、国語や数学などと同様に、教科として認められたものであることを、意味しています。教科としての宗教があるということは、それを教えるための教員養成課程と、免許状制度があるということです。事実、この二つがあるのです。宗教の免許状といいますと、現職の教員でさえ、知らないことが多いのですから、一般社会ではなおさらです。たいていは驚かれます。宗教の免許状も他の教科と同じく、都道府県の教育委員会から授与されます。宗教教育を禁じている、公の機関である教育委員会が、交付することには、少々皮肉な感じもしますが、それが実状です。

ただ、ここで注意しなければならないことがあります。金光教には、金光教学院があるように、各宗教、宗派には、独自の教師養成機関（例えば、僧侶、牧師、神官など）がありますが、そこで与えられる資格は、ここでいう宗教の教師資格にはなりません。宗教の免許状を取得するには、宗教科教員の養成課程を持つ、宗教系の私立大学で学ぶことが、第一要件です。宗教学や宗教史、哲学など、宗教に関する専門科目はもちろんですが、とりわけ重要な科目は、宗教を教授するための宗教科教育法を、受講する必要があります。国語に国語科教育法、英語に英語科教育法の単位修得が義務付けられているのと同様、宗教にとっても必修科目なのです。

宗教科教育法の内容は、宗教と教育に関する、極めて広範な分野に及びますので、今、そのすべてについて述べることはできません。ただ私なりに、その要点をまとめてみますと、宗教と教育の本質についての理解、宗教教育の歴史と現状、宗教教育の目的とその方法、宗教教育者としての心構え、今後の課題などが、およその柱と言ってよいでしょうか。そして、これらの諸項目について学ぶ場合の基本となるのが、一宗一派に偏らず、広い視野を持つことが求められます。具体的には、仏教、キリスト教、イスラム教を始め、原始宗教や、近現代の新興宗教にも及びます。宗教科の教師は、自身の信仰とは別に、他宗教についての専門的な知識と、理解が必須要件となるのです。

このことに関しては、私自身、免許状取得のおり、常に心がけたことであり、実際の授業でも、実践したことでした。このようなことが、何の抵抗もなく、自然に行えたのは、「神道じゃの仏じゃのというて、かたぎる（かたくなになる）ことなし」（理Ⅰ・市村光五郎三・七）、「わが信ずる神ばかり尊みてほかの神を侮ることなかれ」（理Ⅲ・神訓・二）、「天地金乃神は宗旨嫌いをせぬ。信心は心を狭う持ってはならぬ。心を広う持っておれ。世界を広う考えておれ。世界はわが心にあるぞ」（理Ⅲ・金光教祖御理解・九）のみ教えを頂いておればこそ、何と有り難いことか、と思わずにはいられませんでした。

このみ教えを受けて行われる、関西金光学園各校の宗教教育は、未信奉者の子弟が圧倒的に多いだけに、生徒はもとより、保護者や教職員の信頼を得ているように思います。

文化現象としての宗教

宗教教育は、一体何をどう教えるのか。英語や数学などの教科と違って分かりにくいのが実状です。宗教教育だから、宗教について教育するのだ、とことはそう単純ではありません。一番の問題は、そもそも宗教とは何かという、宗教の定義です。これをある程度明らかにしておきませんと、それをどう教えるかという段階には移れません。このことは、非常に大切な課題です。

宗教の定義として、従来、多くの研究者や教育者に支持されているのが、「宗教とは、人間生活の究極的な意味を明らかにし、人間の問題の究極的な解決にかかわりをもつと、人々に信じられているいとなみを中心とした文化現象である」、「宗教には、そのいとなみとの関連において、神観念や神聖性を伴う場合が多い」（『宗教學』岸本英夫著大明堂）という規定です。要するに、人間生活の究極的な意味を明らかにし、人間の問題の究極的な解決を目的とする文化現象を、宗教と見做すということでありましょう。

宗教をある種の文化現象と捉えるところに、教育の果たす役割も自ずと生じてくるのです。すなわち、宗教は、同じく文化的効力を有する教育によって、初めて人々への伝達が可能となるのです。宗教にとって、教育が重要な位置を占める所以です。

宗教教育の三本柱

宗教教育には、①宗教への教育、②宗教的な教育、③宗教についての教育の、いわゆる三本柱があり、宗教教育の中核とされてきました。①は、宗教という人間が究極的にあるべき状態へと導入するための教育で、特定の宗教、宗派への教育を意味しています。欧米の宗教教育は、もっぱらこの傾向が強いのです。②は、宗教によって生み出されたものの見方、考え方による教育で、宗教情操教育がこれに当たります。③は、宗教についての客観的な知識教育を指します。ただこれを実施するに当たり、注意すべき点があります。特定の宗教が設立する、いわゆる宗教系の学校といえども①の教育は第一義ではないということです。この三本柱のうち、②と③が中心となります。①を主とするのは、宗派内に置かれた教育機関です。そこに学校法人立と宗教法人立の立場の違いがあることを承知しておかなくてはなりません。

　では、宗教系の学校は、①の教育には絶対関わってはいけないかと言いますと、そうでもありません。②と③の理解を深めるためにも、具体的な例として、その学校の設立の母体である教団の教祖様や、その教えを取り上げることには何の問題もありません。宗教教育の実を上げるためには、むしろ当然であり、程度の違いがありますが、宗教系の学校のほとんどで実施されています。信者の子弟が多い私学で、限りなく①に近い教育が行われているのは事実ですが、それはごく一部に過ぎません。大半の学校は、この三本柱をもとに、実情に応じて実践しています。要は、バランスの問題でしょう。

　このことに関連して少し触れておきたいことがあります。それは、宗教教育のよって立つところを、「金光教を教えるのではなく、金光教で教える」とする意見です。言わんとするところ、分からぬでもありませんが、結論を先に言いますと、私自身は、この考え方には組しません。なぜかと言いますと、教内からは、金光教を教えないのかと問われ、教外からは、やっぱり教えているではないかと指摘され、詭弁と取られかねないからです。強いて言いますと、「金光教は教えます。しかし、それ以外も教えます」が、最もシンプルで現状にあった立ち位置ではないでしょうか。

宗教安全教育

オウム事件は、当時の日本の社会に大きな衝撃を与えました。空前絶後の犯罪集団が宗教の名を冠していることの不気味さに、人々は打ち震え、宗教界そのものに対する不信や怒りとなって、取り返しのつかない影響を及ぼしました。その余波は必然的に宗教教育の現場にも深刻な状況を生み出しました。

「宗教って怖いな」、「何であんなものに、入信するのかな」、「騙されていることに気が付かへんのかな」、「他の宗教もたいして変わらんのと違う」、「そやから宗教は嫌いやねん」。当時の生徒たちのレポートに見受けられた、宗教に対する率直で偽らざる意見です。

　こうした大事件を受けて、様々な改革が提案され、宗教教育を巡っては、先の三本柱に加え、今日では④宗教安全教育を加えるようになりました。あまり聞きなれない言葉でしょう。宗教は安全ですよ、という単純なものではありません。今日の社会にも、例えば、心霊現象、パワースポット、カリスマ、風水、占いやまじないなど、一見宗教に似て非なるものがあります。そして、これらを入口に、カルト集団に結び付く場合が往々にしてあります。人々の弱みに付け込んで、魂までもコントロールし、犯罪にまで繋がるカルトと、本来の宗教の別をどう教えるのか、宗教教育が問われています。宗教教育を怠ってきた、日本の社会と戦後教育のあり方そのものが、問われている、と捉えてもよいのではありませんか。

　交通事故から身を守る教育を、交通安全教育と言いますが、宗教安全教育は、宗教事故から身を守る教育と考えると分かりやすいです。もっとも、宗教事故という言葉はありません。私独自の便宜上の造語です。主として、宗教の名を借りて行われる犯罪（洗脳・拉致・虐待・拘束・殺人など）を意味していますが、当然ながら、宗教そのものが犯す様々な問題も含まれます。過去から現在に至るまで、必ずしも、宗教＝善ではない事実があるからです。宗教安全教育は、このようないわば宗教の暗部（宗教戦争、宗教差別、強制布教や魔女狩りなど）にも目をふさぐことなく、公平な評価を下す内容であるべきです。それが教育を受ける側からの信頼を生み出す重要なポイントである、と思っています。

宗教を、「人間生活の究極的な意味を明らかにし、人間の問題の究極的な解決を目的とするもの」との考えは、本来の宗教と、宗教の名を借りた犯罪集団とを見分ける、明確な基準となるのではないでしょうか。

宗教は、難儀な人を救うものであって、人を難儀に陥れるものではないはずです。教祖様の「此方は、人が助かりさえすれば、それでよい」（理Ⅱ・佐藤範雄・一〇）のお言葉を、オウム事件以後、おりに触れてかみしめ、授業の基本姿勢としてきました。

八、新型コロナウイルス感染症を歴史に学ぶ

スペイン風邪

新型コロナウイルスの猛威は、地球上を覆い、終息までの道程は、険しくて遠く、容易に先が見えません。われわれが今日直面しているこの感染症は、およそ百年前、当時、流行感冒と言われたスペイン風邪以来の大流行で、現在、百歳を超える人以外のほとんどすべての人々にとって、初めての体験であり、その不安と恐怖は計り知れないものです。

百年前のスペイン風邪について調べてみますと、始まりの時期については、第一次世界大戦中の大正七年（一九一八）と、ほぼ一定していますが、終息時期については、二年ないしは四年後と幅があり、罹患者数や死者数に至っては、さらに大きな違いがあって、どの資料が実数を掴んだものか、今となっては数値の確定は困難と言わざるを得ません。

しかしながら、今日の新型コロナウイルスの現状を考えますと、やはり近代になって、人類が経験したスペイン風邪との数値の比較は、大きな意味があり、具体数を知ることは、人々の必然的な欲求事項で、関心事でありますから、避けて通るわけにはまいりません。そこで、ここからはまったくの私見ですが、バラツキのある資料の中で、比較的近似値を示すものを拾って、突き合わせてみますと、わが国の場合、罹患者数は約二千四百万人、死者数四十万人ほどが、実数に近いのではないか、と推定しました。しかし、死者数を五十万人、七十四万人とする資料もあって、この差は一体どこから生じてくるのか、どう考えたらよいのか、理解を超えています。いずれにしましても、驚くべき数字であります。こういう事情ですから、数字だけが独り歩きすることは、避けなければなりません。

スペイン風邪の犠牲者の中に、津田梅子らと一緒にアメリカに留学し、帰国後「鹿鳴館《ろくめいかん》の名花」と謳《うた》われ、津田梅子とともに教育や福祉に尽くした、元帥陸軍大将、大山巖の妻である大山捨松《すてまつ》と、東京駅や日本銀行の本館などの設計者として知られる名建築家、辰野金吾がいます。また、劇作家として著名な島村抱月も、大正七年十一月五日に急死しています。

島村抱月は、同居していた女優で、ゴンドラの唄やカチューシャの唄で有名な、松井須磨子の看病中に自らも感染し、死に至ったのです。松井須磨子は、回復しましたが、悲劇はそれだけで終わりませんでした。彼女は、明けて八年の一月、島村抱月の月命日である五日を選び、後追い自殺を遂げたのです。「命短し恋せよ乙女」の歌詞のごとく、短い一生を終えました。何と痛ましい行為ではありませんか。周到に計画された死は、「感冒と恋」という、思いもよらない結末となり、当時の人々は大きなショックを受けました。

島村抱月の死からわずか五日後の十一月十日、与謝野晶子は、『横浜貿易新報』（現神奈川新聞）の中で、「感冒の床から」と題して評論を書いています。一家の感染状況を述べた後、島村抱月の死を、「風邪の与えた大きな損害」と評しています。（傍点筆者、以下同じ）また、政府の対応に関し、「盗人を見てから縄をなうというような日本人の便宜主義がこういう場合目につきます」と、痛烈に揶揄《やゆ》しているところは、百年後の今日にも通底するわが国の問題点かもしれません。このことは、「政府はなぜ逸早くこの危険を防止する為に、大呉服店、学校、興行物、大工場、大展覧会等、多くの人間の密集する場所の一時的休業を命じなかったのであろうか」との指摘にも、はっきりと表れています。百年前に、今日と共通する危機意識と解決への手立てが、すでに論じられていたことに、驚くばかりです。

教祖様のご理解にも、「泥棒をつかまえて縄をなうようなことでは、間に合わぬ。ご信心もそのとおりで、参れるときにたびたび参っておかねば、ぐあいでも悪うなると、なんぼう参ろうと思うても、自分では参れまいが。それじゃから、ようよう参って来て、先へおかげを受けておくがよい」（理Ⅲ・尋求教語録・九六）とあり、常平生から危機管理に備える信心のあるべき様を示しておられます。

コロナ禍で見えてきた、治療薬やワクチンの開発、保健所や医療体制、政治の対応力、情報の共有など、様々な課題に対し、安全保障の観点からも、普段から取り組んでおくことの必要性を、人々は今回もまた嫌というほど思い知らされたのではありませんか。「常日ごろの信心がなければ、いざという時に間に合わない」（天地は語る・二二六）のみ教えは、ズッシリと心に響きます。

与謝野晶子のもう一つの記事「死の恐怖」（『横浜貿易新報』大正九年一月二十五日付）で、与謝野晶子は、「感冒が流行して、健康であった人が発病後五日や七日で亡くなるのを見ると、…俄《にわ》かに死の恐怖を意識しないでは居られません」と、正直な気持ちを告白しています。それればかりか、「死は大なる疑問です。その前に一切は空になります。…死は茫々《ぼうぼう》たる天空の彼方のように、私たちの思慮の及ばない他界の秘密です」と、自身の宗教観にも触れており、興味深いです。そして、感冒に対しては、「『人事を尽くす』ことが人生の目的でなければなりません。…予防と治療とに人為の可能を用いないで流行感冒に暗殺的の死を強制されてはなりません」と、感冒死を態々《わざわざ》暗殺死とまで表現していますが、当時の人々の感冒への恐怖感を如実に代弁したもの、と思います。

疫病の歴史に学ぶ

新型コロナウイルス感染症によるパンデミックは、現在、地球上に暮らす人間にとって、初めての経験ですから、政治家も医師も、誰も彼もが終息に至る経験則を、個人としては持ち合わせていません。ですから、簡単に終息の方法が見つかるわけではないのです。未曽有の出来事と捉える向きもありますが、歴史を振り返りますと、人類は様々な感染症を度々経験しており、その意味では未曽有という表現は当たらないように思います。過去から学べということは、あらゆる問題の解決に対して、しばしば言われる言葉ですが、新型コロナウイルスに対する場合も同様で、人類にとっての至言というべきでしょう。

ドイツを統一に導いたビスマルクは、「愚者は経験に学び、賢者は歴史に学ぶ」という有名な言葉を残しています。これに対し、経験に学ぶことは、愚かなことか、と反論がでそうですが、真意はそうではありません。個人の経験のみで、物事を判断することを愚者とし、過去も含め様々な人々の経験の積み重ね、すなわち歴史に学ぶ者を、賢者と見做《みな》しているのです。私なりの解釈ですが、総体としての人類の経験を歴史と捉え、それに学ぶということではないでしょうか。

新型コロナウイルスをきっかけに、疫病の歴史について、医学や歴史学、あるいは宗教学の分野を中心に、様々論じられています。実は、新型コロナウイルス以前より、私が主催する「香芝《かしば》キャンパス市民講座『歴史と万葉の旅』」で、疫病と信仰の歴史を論じ、その素材として『史料にみる疫病関係記事…古代』としてまとめていました。今回、簡約したものを記し、改めて皆さんとともに考えてみたい、と思います。

わが国の歴史書（古事記・日本書紀・続日本紀《しょくにほんぎ》、以下、記・紀・続紀と略す）に、疫病の記事が出るのは、第十代崇神《すじん》天皇の五年が最初です。『紀』には「国内に疫病《えやみ》が多く、民で死ぬものが半ばを過ぎる」とあり、『記』には、「人民が死んで尽きてしまいそうだ」と、記述されています。為政者にとって、犠牲者の数を、「死ぬものが半ばを過ぎる」と記すことは、極めて不都合であるのに、あえて記録せざるを得なかったとすれば、この時の疫病が、尋常ならざる事態であったことが分かります。疫は、古代の中国で、役の義で、鬼によってもたらされるもの、とされていました。コロナ禍と『鬼滅の刃』の重複に、何やら不可思議な因果を感じるのは、私ばかりではありますまい。古来、わが国でも、病気を齎《もたら》すものを、鬼、鬼神、疫神、厄神などと表現していますが、（いつしか防疫の神に転じる）いずれにせよ、目に見えず、正体不明ながら病をもたらす、恐ろしい存在として、認識されていたことは興味深いことです。

続く六年の条には、「百姓《おおみたから》の中には、本籍を離れて流浪し、あるいは反抗する者もあり、その勢いは、徳をもって治めることも難しい」。そこで、「天皇は、朝早く起き、夕方まで畏《おそ》れ慎み天地の神に祈願された」と、記されています。疫病を自らの徳では治めることができず、天神地祇《てんしんちぎ》に祈るばかりであったことが、正直に記載されています。それでも足りないと思われたのか、その後、天皇は自身の住居内にお祀りしていた（同殿共床という）、天照大神と倭《やまと》の大国魂神《おおくにたまのかみ》を、ともに住むこと畏れ多いとして（共住不安という）皇居外に遷し、それぞれ娘に祀らせました。天照大神は、のちに伊勢神宮に、大国魂神は大和《おおやまと》神社に祀られます。

七年には、三輪山の大物主神《おおものぬしのかみ》に疫病退散を願い、丁重にお祀りしたが、疫病の止む験がなかったので、沐浴斎戒《もくよくさいかい》し、殿内を清浄にし、「私の祈りが十分でないのでしょうか、どうすればよいのでしょうか、教えて下さい」と問うと、「吾が児、大田田根子《たねこ》に吾を祀らせれば、たちどころに国土は平安になるだろう」と答えたので、その指示に従い、田根子を神主とし、さらに三輪の神、大国魂神とは別に、八百万の神たちも祀ることとし、天神地祇の別と、神領を定めたところ、「ここに疫病は初めて息《や》み、五穀実り、百姓は賑わうこととなった」とあります。疫病退散のため、神祇を祭るに際し、制度を改めるなど、あらゆる手を尽くされたことが分かります。後世、この天皇に、「崇神」の名が贈られ（漢風諡号《かんふうしごう》という）

ましたが、まことに的を射た措置であったというべきでしょう。

崇神天皇時代の疫病と防疫

崇神天皇の神祭りに関しては、もう一つ有名な記事があります。九年「天皇の夢に神が現れて、墨坂神《すみさかのかみ》に赤盾、赤矛を、大坂神に黒盾、黒矛を供えて祭るよう教えられたので、そのようにした」とあります。『記』にも同様の記事がありますが、坂の御尾の神、河の瀬の神にも悉く《ことごと》幣帛《みてぐら》を奉ったところ、役《えやみ》の気《け》すっかり息んで、国家は安らぎ、平らかになった、とさらに詳しい内容になっています。

墨坂と大坂は、倭の東西の出入り口にある坂で、古代人にとって、軍事、交通の要衝であると同時に、疫病の侵入を防ぐ最重要地点であったのです。攻撃の兵器である矛と、防御のための盾を坂（峠）の神に捧げ、その威力に頼ったことを物語る貴重な宗教行為であった、と思います。注目すべきは、このおりの盾と矛は人ではなく、神が使う武器として奉られたことです。

崇神朝の疫病と、防疫の状況を略述しましたが、その内容はなかなか興味深いものがあります。同殿同床で祭っていた神を、共住不安として、皇居外に遷したことは、神との三密を避けるため、と考えてみてはどうでしょうか。古代においては、神は必ずしも人を守護し、幸せをもたらすものではなく、むしろ祟り障りや、災厄を招くものと捉えられていたようです。金神が長い間、祟り神として遠ざけられ、忌避されたことからもうかがえます。

疫病を防ぐための沐浴斎戒は、身体の清潔を保つことであり、(今日のアルコール消毒や入浴)殿内の清浄は、室内の消毒と考えてよいでしょう。今日に通じる対応に、驚くばかりです。そして、何といっても忘れてならないことは、神への祈りです。天皇が自らの生活を省みて、終日祈願の生活を送っていることです。

これこそが、今日の象徴天皇につながる、わが国の歴史の本質と申せましょう。

崇神天皇が取られた数々の宗教政策に関して、最近、体験したことを紹介します。私が主催する市民講座は、コロナ禍のため休講にしていますが、野外での遺跡見学会は、三密を避けて実施しています。倭大国魂神を祭る大和神社《おおやまとじんじゃ》に一行を案内した時のことです。崇神天皇が疫病を避けるため、皇居から遷した由緒ある神社です。現在の宮司は、大学の一年先輩で、旧知の間柄でしたので、無理を言って解説をお願いしました。神社の由緒や祭神に関し、一通りの案内を頂き、話題が疫病に及んだ時、宮司の口から思わぬ出来事が紹介されたのです。

先日、初老の男性が、拝殿下で参拝されていました。相当長い祈念でしたので、終えられた後、お声がけいたしました。

「よくお参りでした。どこからお参りですか」

「関東です」

「それは、わざわざご遠方のところを。当社に、特にご祈願の趣でも」

「ご承知の通り、今、日本はコロナ禍で、人々は苦しんでいます。医療はもちろんですが、神仏の加護を頂かねば、と思っています。そこで私なりに、疫病退散を祈るには、崇神天皇がなされた、大三輪神社、墨坂神社、大坂山口神社と、ここ大和神社、この四社の巡拝こそ、難局を乗り切るため欠かせぬことと思い、出向いてまいりました」

世間ではこういう場合、「何とご奇特な方」と表現しますが、単なる思い付きではできない貴い行動です。歴史に学ぶとは、こういうことだ、と腑に落ちて、一同感銘を受けました。

敏達天皇時代の疱瘡《ほうそう》

崇神紀に次いで、疫病の記事が頻出するのが、第三十代敏達《びだつ》天皇の時代です。病名が「瘡《かさ》」と明記されています。疱瘡です。先代の欽明天皇の時代から流行が続き、その原因は蘇我氏が興した仏教（崇仏）にあるとして、物部守屋大連らが天皇に廃仏を願ったのに対し、天皇は「これは明白である。早速仏法を止めよ」と命じられたので、大連自ら蘇我の寺に出向き、仏塔を切り倒させ、仏殿、仏像とともに焼き、残った仏像を難波の堀江に遺棄してしまいました。

ところが、その渦中、皮肉にも天皇と物部大連がともに瘡に罹るという事態になりました。この間、瘡で死ぬ者が国に充ち、罹患した民は、「体が焼かれ、打たれて砕かれるようだ」と泣き叫んで死んだので…人々は密かに、これは仏像を焼いた罪だろうと言った」と、記されています。何とも奇妙な記事ではありませんか。今度は、瘡の原因を廃仏のせいにしているのです。

疫病の流行を誰かの所為にし、お互いを責める道具にするのは、コロナ禍の今も、昔と変わらぬ人間の避けられぬ性《さが》のなせる業かもしれませんが、残念です。

その後『紀』は、敏達、用明両天皇が疱瘡により、相次いで亡くなられたと記しており、蘇我氏と聖徳太子により、疫病退散の願いもあって、仏法興隆が進み、飛鳥寺、四天王寺など本格的な寺院建立の時代に至ります。

聖武天皇時代の疱瘡

さらに降って、奈良時代になりますと、疱瘡が大流行し、民はもとより、著名人の多くも犠牲になりました。『続紀』の天平七年（七三五）条にある、聖武天皇の詔《みことのり》に、「聞くところによると、この頃大宰府で疫死《やくし》する者が多い。そこで、疫気《やくけ》を救い癒《いや》して民の命を済《すく》いたいと思う。ついては、幣帛を大宰府管内の神祇に奉り、民のために祈祷させる。また、府の大寺や別の国の諸寺に、金剛般若経を読誦させ、さらに使いを遣わして、疫民に食料を支給し、薬を煎じて与えよ。また長門（現山口県）より京まで、諸国の長官もしくは次官は、道饗《みちあえ》（悪鬼の侵入を防ぐため、国境の道路で供え物をする祭祀）して神を祀れ」と、疫病に対し、実に細やかな指示を出しています。道饗は、古くから伝染病に対し行われていた奇祭で、今日の水際対策に匹敵しましょうか。

その後も、税の一時停止、大赦の実行、籾米の支給と、対策は継続、拡大していきます。極め付きは、鰥寡惸独《かんかけいどく》（鰥…妻を亡くした者、寡…夫を亡くした者、惸…身寄りのない者、独…子のない者、別に孤…みなし児も）のうち、病が重篤で、自存できない者に対しては、在地の官吏は賑恤《しんじゅつ》（金品を施す）を加えよ、と命じています。

このおりの疫病記事は、数年に及び、神仏に祈ることはもとより、食料の配給、施薬治療、大赦、高齢者並に救済を要する者への記事が度々見られます。今でいう社会福祉の施策が、思いのほか進んでいたことは驚きです。

大宰府管内から始まったとみられるこの病気は、原文には「腕豆瘡《わんづそう》　俗に裳瘡《もがさ》と曰《い》ふ」とあり、天然痘でしょう。その伝染経路は、同年二月の新羅使の入京、あるいは三月の遣唐使の帰国の際にもたらされたのではないか、とされています。

様々な対策も効なく、疫病は猖獗《しょうけつ》を極め、天平九年には、時の権力者であった、藤原四家の（武智麻呂・房前・宇合・麻呂）が相次いで死亡し、天平の号とは裏腹に、朝廷内部と国中を大混乱に陥れました。病気の蔓延だけではなく、天災地変が加わったのも、事態を一層悲惨なものにしたのです。

「青丹よし寧楽《なら》の京師《みやこ》は咲く花の薫《にほ》ふがごとく今盛りなり」の歌を、大宰府で詠んだ小野老《おゆ》も、この年瘡に罹り任地で亡くなり、火葬された遺骨が送骨使によって京に帰葬されました。彼は、大宰帥《だざいのそち》（長官）大伴旅人《たびと》が催し、元号「令和」の典拠となった梅花の宴で歌を詠んだ一人です。旅人が帰京後も大宰府に残り、帰国した遣唐使の歓迎の宴で罹患した、と思われます。昔も今も、感染症にとって、酒席は要注意の場というべきです。

相次ぐ政変、争乱と疫病の中、聖武天皇は事態の打開策を模索されます。その一つが、国名の変更です。従来の大倭《やまと》を、大養徳《やまと》と改めます。これは大いに徳を養い疫病を防ぐとの切なる気持ちを表していますが、効果なしとして、十年後に、また元の大倭に戻し、さらに後年、私たちになじみ深い大和にしています。コロナ禍に対する施策や意見に、朝令暮改の風が認められますが、当時も治政の動揺が尋常でなかったことが、よく分かります。

これらの国難に、聖武天皇が心血を注がれ、その中心となったのが宗教政策で、防疫の最大の決め手は、神仏に祈ることでした。祈ってどうなる、との意見もあろうかと思いますが、祈りの中から様々な気付きが生じ、医学や社会制度の変革を促し、個人の生き方にまで影響を与える、と思います。祈りを生活の芯に据えることは、とても重要なことです。まさに『命のバトンは信心から』です。

　ともあれ天皇は、造寺・造仏を始め、各地の神社の修造を命じ、諸国に、写経した金光明最勝王経《こんこうみょうさいしょうおうきょう》（金光明経）の転読をさせ、伊勢神宮に使いを派遣し、神宝を奉献するなど、神仏を手厚く遇しています。こうした中、河内国の知識寺《ちしきでら》（現柏原市）で、毘盧遮那仏《びるしゃなぶつ》を参拝した天皇は、自らもこの仏の造像を願われました。（大仏造立の詔）この願いが結実したのが、東大寺及びその本尊である大仏であることは、言うまでもありません。また諸国に、金光明四天王護国之寺（国分寺）、法華滅罪之寺（国分尼寺）を建立させ、国中の平安を祈願させました。

　大仏造立に対しては、従来から批判的な論調が多いのです。その根拠は、詔にある「夫れ天下の富を有《たも》てる者は朕《ちん》なり。天下の勢を有てる者も朕なり」の文を根拠にして、民を犠牲にする、専制君主としての天皇の独断事業とする見方です。しかし私は、これは詔の一部であって、全体を貫く天皇の真の願いに背を向けた、一方的な見解と考えます。続く文に、「此の富勢を以て此の尊像を造ること、事成り易くして心至り難し」と、あるからです。すなわち、国中の富と権力を持つ自分が、この仏像を造ることは容易だが、それでは「至り難し」、自分の意に沿ったことではない、という意味でしょう。そもそも、この大事業は、智識寺への参拝がきっかけでした。この寺の、毘盧遮那仏とともに、天皇の心に強い印象を与えた、もう一つの重要な要素を見落としてはなりません。それは寺の名『智識』です。智識とは、寄進者、仏の協力者ほどの意味ですから、この寺はその地の有力者だけではなく、大勢の庶民の協力で建てられた寺であったのです。「心に至る」とは、このことを指している、と思われます。天皇の真意は、智識寺に倣《なら》うことであったのです。そのことは、後段にある「一枝の草一把の土を持ちて、像を助け造らむことを願う者有らば、恣《ほしいまま》に之を聴《ゆる》せ」の言葉によく表れています。

さらに、智識集団を率いて、社会事業に活躍していた行基を、大仏造営の責任者に加えたことは、ことの本質をよく物語っています。

世の光明

前出の金光明経は、黄金に輝く教えという意味で、毘盧遮那仏は、これまた広く照らす、光り輝く仏とされており、弘法大師の開いた真言密教では、これを大日如来と称します。天皇の祖先神とされる天照大神も、太陽の光と、偶然とは思えません。共通点は、光です。私は常々、天皇は世を照らす光明を求めておられたのではないか、と考えてきましたが、その具象化されたものが、黄金に輝く大仏だったわけです。

こうなりますと、光明皇后の名も何やら気になります。通説では、その美しさが光り輝くような方で、光明子《こうみょうし》と呼ばれたということですが、私は金光明経に因んだ名であった可能性を考えています。

思えば教祖様も、「金光とは、金光るということである。金は金乃神の金、光は天つ日の光である。天つ日の光があれば明るい。世界中へ金乃神の光を光らせておかげを受けさせるということである」（理Ⅱ・金光萩雄・二二）と言われ、別の伝えでは「金光とは金光る。いなずま光、光れば明かろうが。世に暗の闇では見えまいが。明い方へはだれでも見ようが」（理Ⅲ・尋求教語録・六五）とも教えておられます。教祖様が、金光明経のことをご存知であったかどうかは分かりませんが、「カンテラに油いっぱいあっても、芯がなければ火がともらず。火がともらねば夜は闇なり。信心なければ世界が闇なり」（理Ⅲ・金光教祖御理解・二二）のみ教えは、コロナ禍にある私どもの行く手を照らす、光明と申すべきでしょう。

金光明経と金光教は、読み方と光に共通性が感じられますが、これはまったくの偶然でありましょう。しかし、人々の難儀に光明（希望と表現してもよろしいか）をもたらすことが、宗教に共通する究極的な目的と考えれば、あながち偶然とは言えないのかもしれません。

編集後記

前回の『みち』シリーズ⑪をご執筆頂いた福嶋義次師より、「私の手元に岡田君から、伊勢教会誌に掲載した短編原稿が百編に達したとのことで、郵送されてきたが、次はこれを本にしたらどうだ」とのお電話を頂いた。しかし、現物を見ていない私には、何とも返答のしようのないことで、「一度、見せて下さい」と言うと、すぐに送られてきた。ざっと拝見すると、これまでにないエッセイ風の短編集に仕上げることをイメージしたのである。

その後、ご本人と電話で何度もお話を伺う中で、関西金光学園の各校に、学校広前が設置され、宗教科担当の先生方が、指導されていることを知った。さらに、宗教科の先生方にも資格がいることを初めて知ったのである。信心をしない家庭に育つ子どもたちへ、いかに宗教の大切さを伝えているのか。そうした内容を加筆して頂き、エッセイ風ではなくなったが『命のバトンは信心から』を編集することができた。

著者の生い立ちである満州からの引揚げについて、私の祖父母も戦前、鎮南甫《ちんなんぽ》（現・北朝鮮）で布教をしていた。終戦後、当時、十六歳であった叔母から、引揚げの体験記を本にしたいとの依頼を受けて、小冊子を作ったことがある。ロシア兵（ソ連兵）のことを、ロシア人のスケベを略して「ロスケ」と呼び、いつ殺されても、強姦、略奪という理不尽な行為をされても不思議でない中を、命からがらに引揚げて来たその体験記は、戦争を知らない私たちでも、戦慄を覚える内容であったが、今では戦争の無残さを語る大切な人々がいなくなっていることに不安を覚える。

私は、金光教学院を卒業した年から一年間、今はなき金光学園寄宿舎の常駐舎監を命じられたことがある。高校一年生から三年生までの寄宿舎生の指導をするのであるが、毎朝、夕とお広前でご祈念があり、短いお話をしなければならなかった。ほとんどが、他宗の子弟で、いかに金光教の信心を分かりやすく伝えるかに苦心した覚えがある。ある時、時の加賀道郎校長から、高校三年生に校長先生自らが行っている宗教の時間をやってもらえないか、という依頼がきたが、その時教員資格がいるなどとは知らなかったが、固辞したことだけは覚えている。時代が変わっても、青春を生きる生徒たちには、数多き不安や問題を抱えている。先日、四十代の業者の方が来て、「私は、金光八尾高校の出身です。宗教の時間というのがあって、金光教のことを少し学びました」と言っていた。学んだことは、決して無駄にならないことを実感する。

私は以前、『金光教全国学生会五十年史』と『金光教東京寮創立百周年記念誌』を編集発行したことがある。相当な資料を集めての編集作業は大変なものであった。その中に、ご本部の祭場建築がなされた時、その支払いがやっとできたという話があった。そんな中、浪花金光学園の新校舎が竣工し、さらに金光教東京寮も新築されたことを知った。そんなお金がいったいどこから集まったのか不思議でならなかった。これは、教祖様の教えを受けた直信先覚先師の方々が、五十年先、百年先を見据えた人材育成の願いが結実したものと感じたのである。そこには、教祖様の願いというバトンを引き継いだ、名もなき多くの人々の信心があればこそ、と思えてならない。

紙面の関係から、著者の了解を得て止む無く割愛した文章も多々あるが、新たに書き加えて頂いた文章もある。著者が伝えたかったことがまとめられたか、甚だ疑問ではあるが、御容赦頂きたい。

新型コロナウイルスの終息を願いつつ、世に光明がもたらされんことを祈願する。

金光教全国学生会ＯＢ会事務局

相賀正実

著者略歴

岡田　典明（おかだ　のりあき）

昭和二十年（一九四五）四月一日、旧満州国奉天（現瀋陽）で出生
昭和二十一年（一九四六）七月、引揚げ
昭和三十八年（一九六三）皇學館大学文学部国史学科入学、同年、金光教学生会入会
昭和四十二年（一九六七）浪花女子高校（現金光藤蔭高校）奉職
平成七年（一九九五）佛教大学仏教学部仏教学科修了
平成二十九年（二〇一七）退職

・金光教伊勢教会輔教、同教会責任役員、信徒総代
・元金光教典楽会楽人
・市民講座『歴史と万葉の旅』主催（二〇〇五〜）
・欄間・家具・茶道具製作

「みち」シリーズ⑫
命のバトンは信心から
令和三年十二月十二日
著　者　岡　田　典　明
編　集　金光教全国学生会ＯＢ会
発行所　ふくろう出版
印　刷　友野印刷株式会社

ISBN978-4-86186-840-5 C0014 Printed in Japan